CANLLAW I FYFYRWYR

ARGRAFFIAD NEWYDD

Daearyddiaeth U2 Uned G3 CBAC

Themâu Cyfoes ac Ymchwil mewn Daearyddiaeth

Nicky King

Golygydd y gyfres: David Burtenshaw

Diolch i Gill Miller o Brifysgol Caer am ei chyfraniad at Themâu 6(a) a 6(b)

Canllaw i Fyfyrwyr Daearyddiaeth U2 Uned G3 CBAC Themâu Cyfoes ac Ymchwil mewn Daearyddiaeth

Addasiad yw'r argraffiad Cymraeg hwn o *Student Unit Guide WJEC A2 Geography Unit G3 Contemporary Themes and Research in Geography* a gyhoeddwyd gan Philip Allan Updates, gwasgnod o Hodder Education, cwmni Hachette UK, Market Place, Deddington, Swydd Rydychen OX15 0SE

Cyhoeddwyd gan CAA, Prifysgol Aberystwyth, Plas Gogerddan, Aberystwyth, Ceredigion SY23 3EB
(www.aber.ac.uk/caa)
Noddwyd gan Lywodraeth Cymru
Cyhoeddwyd dan nawdd Cynllun Adnoddau Addysgu a Dysgu CBAC
© Nicky King 2012 (Yr argraffiad Saesneg)
© CBAC 2013 (Yr argraffiad Cymraeg hwn ar gyfer CBAC)

ISBN 978-1-84521-515-6

Addasiad Cymraeg: Testun Cyf
Teiposod: Argraff Ltd
Argraffu: Argraffwyr Cambria

Llun y clawr: Aania/Fotolia

Mae'r deunydd hwn wedi'i gymeradwyo gan CBAC ac mae'n cynnig cymorth o ansawdd uchel ar gyfer cyflwyno cymwysterau CBAC. Er bod y deunydd hwn wedi bod trwy broses sicrhau ansawdd CBAC, mae'r holl gyfrifoldeb am y cynnwys yn perthyn i'r cyhoeddwr.

Cynnwys

Arweiniad i'r Cynnwys

Cwestiynau ac Atebion

Manteisio'n llawn ar y llyfr hwn

Cyngor gan yr arholwr ar bwyntiau allweddol yn y testun i'ch helpu i ddysgu a chofio cynnwys yr uned, osgoi camgymeriadau, a gwella eich techneg arholiad er mwyn cael gradd uwch.

Arweiniad i'r Cynnwys yn ymwneud â chwestiynau cyflym i wirio eich dealltwriaeth.

1 Trowch i gefn y llyfr i gael atebion i'r cwestiynau gwirio gwybodaeth.

Crynodebau

- Ar ddiwedd pob testun craidd mae rhestr o bwyntiau bwled yn crynhoi'r hyn sydd angen i chi ei wybod.

Cwestiynau ac Atebion

Enghreifftiau o gwestiynau arholiad

Sylwadau'r arholwr ar y cwestiynau

Cyngor ar yr hyn sy'n rhaid i chi ei wneud i gael marciau llawn, wedi'i nodi gan yr eicon.

Enghreifftiau o atebion myfyrwyr

Dylech ymarfer ateb y cwestiynau, wedyn edrychwch ar atebion y myfyrwyr sy'n dilyn pob set o gwestiynau.

Esboniad yr arholwr o atebion enghreifftiol y myfyrwyr

Gwiriwch faint o farciau a roddir am bob ateb yn yr arholiad ac wedyn darllenwch sylwadau'r arholwr (ar ôl yr eicon) sy'n dilyn ateb pob myfyriwr. Mae'r anodiadau sy'n cyfeirio at bwyntiau yn atebion y myfyrwyr yn dangos yn union sut a ble gallwch ennill neu golli marciau.

Gwybodaeth am y llyfr hwn

Pwrpas y canllaw hwn yw eich helpu i ddeall beth mae'n rhaid i chi ei wneud i lwyddo yn Uned G3: Themâu Cyfoes ac Ymchwil mewn Daearyddiaeth. Mae'r fanyleb ar gael ar wefan CBAC: **www.cbac.co.uk**.

Mae'r canllaw hwn wedi'i rannu'n ddwy adran. Mae'r adran **Arweiniad i'r Cynnwys** yn cyflwyno *hanfodion sylfaenol* y fanyleb ar gyfer yr uned hon. Mae diagramau'n cael eu defnyddio i helpu eich dealltwriaeth; mae llawer ohonynt yn hawdd eu lluniadu a gallwch eu defnyddio yn yr arholiad o bosibl. Mae'r adran **Cwestiynau ac Atebion** yn rhoi arweiniad ar sut i gwblhau prawf yr uned ac yn cynnwys enghreifftiau o'r mathau o gwestiynau a fydd yn ymddangos yn yr arholiad. Mae atebion enghreifftiol o safon amrywiol wedi'u cynnwys, yn ogystal â sylwadau'r arholwr ar sut i ateb pob cwestiwn gan egluro pam mae'r atebion enghreifftiol wedi ennill neu wedi colli marciau.

Mae llawer o acronymau yn ymddangos yn y canllaw hwn. Acronymau Saesneg sy'n cael eu defnyddio yma fel rheol, gan nad oes acronymau Cymraeg cyfatebol ar gyfer pob un. Dyma'r drefn gyffredinol:

- Y tro cyntaf mae acronym Saesneg yn ymddangos, rhoddir (i) y teitl llawn yn Gymraeg, a (ii) yr acronym a'r teitl llawn yn Saesneg mewn cromfachau, e.e. Cylchfa Gydgyfeiriol Ryngdrofannol (*ITCZ: Inter-Tropical Convergence Zone*). Ar ôl hynny, defnyddir *ITCZ* yn unig.
- Pan mae acronym Cymraeg yn gwbl gyfarwydd, defnyddir yr acronym hwnnw, gyda'r teitl Cymraeg yn llawn mewn cromfachau y tro cyntaf mae'n ymddangos, e.e. CMC (Cynnyrch Mewnwladol Crynswth).
- Mae diffyg cysondeb o ran iaith ambell acronym mewn rhai cyhoeddiadau a phapurau arholiad, ac mae'n bosibl y byddwch chi wedi gweld fersiynau Cymraeg o rai o'r acronymau Saesneg a ddefnyddir yn y canllaw hwn. Rydym wedi ceisio tynnu sylw at acronymau a allai fod yn y categori hwn drwy gyfeirio at yr acronym Cymraeg yn ymyl y dudalen dan y teitl 'Cyngor yr Arholwr', e.e. GND sef 'gwlad newydd ei diwydianeiddio', ar dudalen lle mae *NIC* yn ymddangos am y tro cyntaf.

Arweiniad i'r Cynnwys

Adran A: Themâu cyfoes

Thema 1 Amgylcheddau eithafol

1.1 Beth yw nodweddion amgylchedd diffeithdir sy'n ei wneud yn eithafol?

Nodweddion hinsoddol, biotig a'r pridd mewn amgylchedd diffeithdir

Mae diffeithdiroedd poeth wedi'u lleoli yn y gylchfa istrofannol, rhwng 15° a 35° i'r gogledd a'r de o'r Cyhydedd. Mae enghreifftiau'n cynnwys y Sahara yng ngogledd Affrica a Diffeithdir Kalahari yn y de. Mae cyfraddau **darheulad (*insolation*)** uchel, aer yn suddo ac amodau gwasgedd uchel gyda gwyntoedd allchwyth i gyd yn nodweddion o hinsoddau poeth y diffeithdir. Mae'r ffactorau hyn yn arwain at amodau eithriadol o sych, awyr las yn gyffredinol, a chyfraddau anweddu uchel iawn, gyda'r tymheredd dros 40°C ar gyfartaledd yn ystod y dydd. Ar ymylon tir y gorllewin, mae ceryntau cefnforoedd oer yn amddifadu gwyntoedd morol mewnchwyth o'u lleithder cyn iddynt gyrraedd y tir, gan gyfrannu at yr amodau eithriadol o sych ac achosi amodau niwl alltraeth, er enghraifft, oddi ar ogledd Chile a Namibia. Wrth i'r **Gylchfa Gydgyfeiriol Ryngdrofannol (*ITCZ: Inter-Tropical Convergence Zone*)** symud i ledredau diffaith, gall hyn achosi gwyntoedd llaith i symud i mewn gan ddod â glaw darfudol trwm iawn sydd ddim yn para'n hir. Mae'r dyodiad cyfartalog yn 250 mm, ond mae'r glawiad effeithiol yn is, yn bennaf oherwydd y cyfraddau anweddu uchel iawn. Mae cyferbyniadau **dyddiol** yn fwy arwyddocaol nag amrywiadau **tymhorol** gan fod pelydriad cyflym yn y nos o dan awyr glir yn arwain at dymheredd o dan y rhewbwynt a gwlith trwm yn y bore, tra bod tymheredd uchel ac amodau lleithder isel iawn yn ystod y dydd.

Mae cynhyrchedd **priddoedd llwyd y diffeithdir** yn isel iawn oherwydd bod y prinder dŵr a'r cyfraddau anweddu uchel yn arwain at halwynau yn cronni ac yn grisialu ar arwyneb y pridd. Mae'r haen **organig** yn denau iawn gan fod **cynhyrchedd cynradd** i gynhyrchu **sbwriel** yn isel iawn.

Y cysylltiad rhwng nodweddion hinsoddol, biotig a phridd

Mae'n rhaid i fiota addasu mewn ffordd arbennig er mwyn goresgyn nodweddion eithafol yr hinsawdd a'r pridd. Mae'r cyfuniad o dymheredd eithafol, priddoedd tenau, halwynog a'r posibilrwydd bod colledion dŵr yn fwy na'r dyodiad blynyddol yn creu tipyn o her i organebau. Mae addasu i'r eithafion hyn yn cynnwys goroesi fel **planhigyn undydd** sy'n manteisio ar law darfudol sydd ddim yn para'n hir, trwy egino, tyfu, blodeuo a hadu o fewn 20-30 diwrnod. Mae'r rhan fwyaf o organebau'r diffeithdir wedi'u haddasu i wrthsefyll neu osgoi straen dŵr.

Dylech ddarparu data hinsoddol ar gyfer lleoliad diffeithdir penodol er mwyn dangos nodweddion eithafol yr hinsawdd, gan nodi cyfansymiau glawiad isel, amrywioldeb glawiad uchel, digwyddiadau glawiad eithafol, cyfraddau anwedd-drydarthiad uchel ac amrywiadau mawr yn y tymheredd dyddiol a thymhorol.

Diffeithdir Ardaloedd â dyodiad blynyddol cyfartalog llai na 250 milimetr y flwyddyn.

Mae cwtiglau trwchus gan **blanhigion suddlon** fel cacti'r America, yn ogystal â chymhareb arwynebedd arwyneb i gyfaint isel a stomata suddedig sy'n agor yn y nos i leihau trydarthiad. Mae'r addasiadau hyn yn eu galluogi i oroesi ar y tir drwy gydol y flwyddyn.

Mae'n rhaid i anifeiliaid addasu i'r prinder dŵr a bwyd ac i eithafion y tymheredd. Mae gan y camel ffwr trwchus i amddiffyn ei gorff yn erbyn yr haul, carnau ar led i gerdded ar dywod symudol a chrwb (*hump*) i storio'r braster sy'n darparu egni a dŵr wrth anadlu.

1.2 Sut mae gweithgarwch dynol yn rhoi pwysau ar amgylchedd y diffeithdir?

Y bygythiadau sy'n deillio o dwf poblogaeth, ymelwa ar fwynau (ecsbloetio mwynau), ffermio a thwristiaeth. Canlyniadau cadarnhaol a negyddol gweithgarwch dynol

Mae pwysau dynol yn bygwth bïom y diffeithdir mewn sawl ffordd gan gynnwys twf poblogaeth, ymelwa ar fwynau, ffermio a thwristiaeth. Fodd bynnag, mae'r gweithgareddau hyn yn gallu cael canlyniadau cadarnhaol a negyddol.

Mae **twf poblogaeth** yn digwydd mewn amgylcheddau diffaith fel Diffeithdir Sahara ar gyfradd gyfartalog o 1.6% y flwyddyn. Mae twf poblogaeth a mwy o bwysau ar y tir yn Tunisia wedi lleihau ffrwythlondeb y pridd, gostwng y lefel trwythiad, siltio argaeau a chynyddu'r risg o lifogydd oherwydd adeiladau ac isadeiledd newydd.

Mae Diffeithdir Namib wedi dioddef gweithgarwch dynol ers degawdau. Mae gweithgareddau chwilio ac **ymelwa ar fwynau** ar gyfer lithiwm, beryliwm, fanadiwm a thantalwm, yn ogystal â mwynau mwy cyffredin fel tun, sinc, plwm a diemwnt wedi gadael creithiau parhaol, fel yn nhref anghyfannedd (*ghost town*) Kolmanskop.

Yn Niffeithdir Sonora, mae ransio a **ffermio** dyfredig wedi bod yn anghynaliadwy yn ecolegol ac yn economaidd. Mae'r holl weithgarwch wedi cael effaith negyddol ar amgylchedd y diffeithdir, gan gynnwys clirio llystyfiant a gadael y caeau'n wag wedyn, cramennau pridd halwynog ac alcaliaidd yn datblygu, y defnydd o blaleiddiaid a chwynladdwyr, gwrtaith nitrad yn halogi llifoedd nentydd a dyfrhaenau, a'r nitrogen yn cyfoethogi tiroedd gwyllt cyfagos, chwyn egsotig newydd, clefydau planhigion a phryfed yn mynd ar led.

Ar y llaw arall, mae amaethyddiaeth yn gallu cael effaith gadarnhaol ar boblogaethau bywyd gwyllt a phlanhigion gwyllt ar ochrau'r caeau pan ddefnyddir arferion ffermio ar raddfa fach, heb ddefnyddio plaleiddiaid a chwynladdwyr.

Mae'r cynnydd mewn **twristiaeth** yn yr Emiradau Arabaidd Unedig, yn enwedig y cynnydd mewn gweithgarwch heb ei reoli fel cerbydau adloniant oddi ar y ffordd a beiciau cwad a motocrós, wedi cael effeithiau negyddol ar amgylchedd y diffeithdir a'i fywyd gwyllt. Mewn cyferbyniad, mae Gorynys Sinai yn yr Aifft yn cynnig cyfle i ecodwristiaid deithio gyda phobl y Bedwyn a'u camelod, heb fawr ddim effaith ar yr amgylchedd.

1.3 Beth yw'r strategaethau y gellir eu defnyddio i reoli gweithgarwch dynol mewn diffeithdiroedd?

Strategaethau sy'n ceisio gwarchod amgylchedd y diffeithdir, lleddfu effeithiau gweithgarwch dynol, rheoli'r defnydd o amgylchedd y diffeithdir a monitro effeithiau gweithgarwch dynol

Yn Tunisia, lle mae 21% o'r wlad yn ddiffeithdir a 17.2% mewn perygl o droi'n ddiffaith, mae amrywiaeth o strategaethau wedi'u rhoi ar waith i reoli gweithgarwch dynol yn amgylchedd y diffeithdir. Mae agronomegwyr a pheirianwyr hydrolig yn gweithredu technegau fel terasu i warchod pridd a dŵr, adeiladu argaeau pridd a gwarchod llethrau. Mae priddoedd sydd wedi'u hisraddio oherwydd gweithgarwch dynol yn cael eu trin â chemegion a'u cyfoethogi gyda deunydd organig er mwyn gwrthweithio'r alcalinedd. Mae'r defnydd o egni yn cael ei newid a'i wella mewn ardaloedd gwledig i leihau'r defnydd o brysgwydd. Er mwyn monitro effaith gweithgarwch dynol, mae mapiau diraddio tir yn cael eu llunio drwy ddefnyddio technegau synhwyro o bell a datblygu arsyllfa genedlaethol o ddiraddiad tir.

Mae **Cynllun Cadwraeth Diffeithdir Sonora** yn hyrwyddo ransio fel dull helaeth, ond dwysedd isel, o ddefnyddio tir. Y ffordd orau o sicrhau parhad darnau helaeth o gynefinoedd bywyd gwyllt a thir agored eang cysylltiedig yw gwarchod ransiau sy'n weithredol ar hyn o bryd.

Y rhan mae grwpiau lleol, cenedlaethol a rhyngwladol yn ei chwarae yn rheoli amgylchedd y diffeithdir

Yn Tunisia, mae grwpiau gwahanol yn gweithio ar lefelau gwahanol i reoli amgylchedd y diffeithdir a'i atal rhag lledaenu. Ar lefel ryngwladol, mae sefydliadau'r Cenhedloedd Unedig fel y Gyfundrefn Fwyd ac Amaeth (*FAO: Food and Agriculture Organization*) a Chonfensiwn y Cenhedloedd Unedig i Atal Diffeithdiro (*UNCCD: United Nations Convention to Combat Desertification*) wedi cynnig cynlluniau sydd wedi'u mabwysiadu ar lefel genedlaethol. Mae Tunisia wedi creu cynllun gweithredu cenedlaethol sy'n cynnwys sefydliadau rhyngwladol, cenedlaethol a lleol. Mae'r grwpiau sy'n cyfrannu ar lefel genedlaethol yn cynnwys y Weinyddiaeth Amaeth, y Weinyddiaeth ar gyfer Datblygu Economaidd a'r Amgylchedd, a sefydliadau ymchwil fel yr Asiantaeth Genedlaethol ar gyfer Gwarchod yr Amgylchedd a'r Comisiwn Cenedlaethol ar gyfer Datblygiad Cynaliadwy. Mae'r cynllun yn cynnwys arbenigwyr a ffermwyr hefyd ac mae'n darparu fframwaith gweithredu sgiliau ac addysg. Mae swyddfa ddatblygu ym mhob rhanbarth sy'n gyfrifol am warchod yr amgylchedd. Mae cynllun gweithredu cenedlaethol Tunisia yn llwyddo i fod yn effeithiol, ond mae'r wlad yn fwy cyfoethog na'r rhan fwyaf o wledydd eraill Affrica.

1.4 Beth yw nodweddion amgylchedd y twndra arctig ac alpaidd sy'n ei wneud yn eithafol?

Nodweddion hinsoddol, biotig a'r pridd mewn amgylchedd twndra

Oherwydd lledred uchel **amgylcheddau'r twndra arctig** mae'r tymheredd yn isel iawn rhwng −5°C a −10°C ar gyfartaledd, mae misoedd y gaeaf yn hir a thywyll a'r tymheredd yn is na −20°C ac ae gwyntoedd cryf yn chwythu. Mae gwasgedd uchel ac aer sy'n suddo yn nodweddion cyffredin iawn yn yr ardaloedd twndra, sy'n arwain at ddyodiad cymedrig blynyddol isel o dan 150 mm. Mae oriau golau dydd yn hir yn ystod y tymor tyfu byr, ond anaml iawn mae'r tymheredd yn codi'n uwch na 10°C oherwydd bod ongl yr haul mor isel. Mae'r ddaear wedi rhewi'n barhaol yn yr haf ar wahân i'r 50 cm uchaf.

Y cyswllt rhwng nodweddion hinsoddol, biotig a'r pridd

Ychydig iawn o blanhigion unflwydd sy'n tyfu yn ardaloedd yr arctig oherwydd bod y tymor tyfu mor fyr. Mae'r llystyfiant yn llawn o fwsogl, cen, gwair a chorwrychoedd. Mae gan y rhan fwyaf o blanhigion wreiddiau byr er mwyn osgoi'r rhew parhaol, a dail bach er mwyn lleihau trydarthiad. Mae coed helyg bach a choed bedw yn tyfu'n araf ger yr afonydd tymhorol i uchder o 30 cm ac mae'r gwynt yn newid siâp eu pennau. Wrth i'r planhigion dyfu a blodeuo, gall fod yn olygfa drawiadol a lliwgar yn ystod y tymor tyfu byr. Mae llawer iawn o bryfed yn ymddangos, gan arwain at ychydig wythnosau o gynhyrchu prysur. Gan fod twf y planhigion yn fychan mae'r gwasarn hefyd yn brin, ac mae diffyg biota yn y pridd yn golygu bod defnydd organig yn dadelfennu'n araf, gan adael haen denau o fawn. Pan fydd dŵr tawdd yn trylifo i lawr tua diwedd y gwanwyn, mae asid hwmig yn rhyddhau haearn. Mae rhew parhaol gwaelodol yn gweithredu fel haen anathraidd, gan arwain at dir dyfrlawn a **gleio**. Yn dilyn gwthiad rhew, mae creigwely sydd wedi hindreulio oherwydd rhewi a dadmer yn codi i'r arwyneb, ac yn atal ffurfiant haenlinau pridd.

Mae tymheredd isel, dyodiad **orograffig** uchel (ar ffurf eira fel arfer) a gwyntoedd cyflym yn gyffredin mewn **amgylcheddau'r twndra alpaidd**. Mewn lledredau is, mae gan amgylcheddau twndra alpaidd ystod tymheredd dyddiol uwch a chylchredau rhewi-dadmer aml. Mae priddoedd yn denau fel arfer gyda llawer o greigiau rhydd. Mae planhigion alpaidd bach a lliwgar, fel crwynllys, yn tyfu'n araf. Mae amrywiaeth biotig yn denu ymwelwyr i'r Alpau yn ystod y cyfnod blodeuo.

1.5 Ym mha ffordd mae gweithgarwch dynol yn achosi pwysau ar amgylchedd y twndra arctig ac alpaidd?

Bygythiadau o ganlyniad i ymelwa ar fwynau, llygredd yn yr aer, cynhesu byd-eang a thwristiaeth. Canlyniadau cadarnhaol a negyddol gweithgarwch dynol

Mae bïom y twndra o dan fygythiad gan amrywiaeth o bwysau dynol fel ymelwa ar fwynau, llygredd yn yr aer, cynhesu byd-eang a thwristiaeth.

Twndra Bïom lle mae tymheredd isel a thymhorau tyfu byr yn amharu ar dyfiant coed.

Nodwch ddata hinsoddol ar gyfer lleoliad twndra er mwyn dangos ei nodweddion hinsawdd eithafol.

Sut mae planhigion ac anifeiliaid yn addasu i allu byw mewn amgylcheddau twndra?

O gwmpas Prudhoe Bay yn Alaska, mae rhew parhaol yn ymdoddi yn sgil y gwres sy'n cael ei gynhyrchu gan adeiladau a lein bibellau ar gyfer echdynnu olew. Mae hyn yn achosi gwthiad rhew yn yr haen weithredol ac yn niweidio planhigion a bydd llawer o flynyddoedd yn mynd heibio cyn y byddant yn gallu ail-dyfu.

Ni all ecosystemau amgylcheddau ffinrewlifol gynnal llawer o dwristiaeth oherwydd eu natur fregus. Mae Kuujjuaq yn nhalaith Québec, Canada, yn denu nifer bach o ymwelwyr sy'n mwynhau hela a physgota. Fodd bynnag, mae ymwelwyr sy'n cerdded trwy'r twndra wedi achosi difrod parhaol.

Oherwydd patrymau cylchrediad atmosfferig byd-eang, mae'r aer mewn ardaloedd diwydiannol ar ledredau canol y gogledd yn cael ei lygru a'i gario i ardaloedd twndra, lle mae amhureddau'n cael eu dyddodi.

Mae twristiaeth yn yr Alpau wedi tyfu'n sylweddol ac mae cerbydau ymwelwyr a cherbydau masnachol eraill yn llygru'r aer i lefelau peryglus mewn llawer o ddyffrynnoedd alpaidd. Mae arwynebau ardaloedd mawr o rew parhaol yn ymdoddi yn sgil y cynnydd mewn CO_2 yn yr atmosffer oherwydd gweithgarwch dynol. Mae hyn yn creu rhagor o adborth positif oherwydd bod albedo tir moel yn is, ac mae hyn yn codi tymheredd yr arwyneb ac yn achosi ymdoddi pellach. Wrth i'r rhew ymdoddi mae'n rhyddhau llawer o fethan ac yn achosi mwy o gynhesu byd-eang.

1.6 Beth yw'r strategaethau y gellir eu defnyddio i reoli gweithgarwch dynol mewn amgylcheddau twndra arctig ac alpaidd?

Strategaethau sy'n ceisio gwarchod yr amgylchedd twndra, lleddfu effeithiau gweithgarwch dynol, rheoli'r defnydd o'r amgylchedd twndra a monitro effeithiau gweithgarwch dynol

Mae llywodraeth Canada wedi rhoi statws tirnod i Tuktoyaktuk, tref Inuit yn Nhiriogaethau'r Gogledd-orllewin lle mae 1,400 **pingo**, er mwyn amddiffyn y tirffurfiau hyn a'r ardal ehangach rhag twristiaeth.

Y rhan mae grwpiau lleol, cenedlaethol a rhyngwladol yn ei chwarae yn rheolaeth amgylchedd twndra

Mae grwpiau amrywiol yn gweithio ar lefelau gwahanol i reoli amgylchedd y twndra. Mae mentrau cynhesu byd-eang ar waith ar lefel ryngwladol, e.e. Kyōto (1997) a København (Copenhagen) (2009). Mae'r Cyngor Cynghori ar Reoli Bywyd Gwyllt (*WMAC: The Wildlife Management Advisory Council*) yn gweithio gyda llywodraethau talaith Yukon yng Nghanada, talaith Alaska yn UDA a llywodraeth genedlaethol Canada i warchod bywyd gwyllt, cynefin a defnydd traddodiadol Llethr Gogledd Yukon.

Crynodeb

Ar ôl astudio'r testun hwn, dylech chi allu:

- disgrifio ac egluro nodweddion hinsoddol, biotig a'r pridd mewn amgylchedd diffeithdir a deall y cysylltiad rhyngddynt
- darparu enghreifftiau manwl o weithgarwch dynol mewn lleoliadau penodol ac egluro sut maen nhw'n rhoi pwysau ar nodweddion bregus ac arbennig amgylchedd y diffeithdir
- rhoi enghreifftiau o strategaethau sy'n cael eu defnyddio gan grwpiau lleol, cenedlaethol a rhyngwladol i reoli gweithgarwch dynol mewn diffeithdiroedd
- disgrifio ac egluro nodweddion hinsoddol, biotig a'r pridd mewn amgylchedd twndra a deall y cysylltiad rhyngddynt
- darparu enghreifftiau manwl o weithgarwch dynol mewn lleoliadau penodol ac egluro sut maen nhw'n rhoi pwysau ar nodweddion bregus ac arbennig amgylchedd y twndra
- rhoi enghreifftiau o strategaethau sy'n cael eu defnyddio gan grwpiau lleol, cenedlaethol a rhyngwladol i reoli gweithgarwch dynol mewn amgylcheddau twndra

Thema 2(a) Tirffurfiau rhewlifol a'u rheolaeth

1.1 Beth yw system rewlifol a beth yw nodweddion dynamig amgylcheddau rhewlifol?

Màs-gydbwysedd rhewlif

Mae mewnbynnau ac allbynnau rhewlif yn anghyson, ac yn amrywio dros gyfnodau byr a hir. Mae system y rhewlif yn addasu'n gyson i newidiadau yn y cydbwysedd rhwng **croniad** ac **abladiad** ac mae hyn yn cael ei adlewyrchu ym **màs-gydbwysedd** rhewlif. Os yw croniad yn fwy nag abladiad, mae màs rhewlif yn cynyddu (**màs-gydbwysedd cadarnhaol**). Os oes mwy o abladiad na chroniad, mae gan rewlif **fàs-gydbwysedd negyddol**.

Effaith newid hinsawdd ar gyllidebau rhewlif

Mae rhewlifoedd wedi bod trwy gyfnodau o ehangu ac encilio wrth i newid hinsawdd symud y cydbwysedd net mewn ffordd gadarnhaol (amodau oerach) neu negyddol (amodau cynhesach).

Y berthynas rhwng natur anwadal yr hinsawdd a'r gwaith geomorffolegol sy'n cael ei wneud gan iâ

Mae'n bosibl cysylltu'r gwaith geomorffolegol sy'n cael ei wneud gan iâ a'r tirffurfiau rhewlifol a grëwyd â digwyddiadau byd-eang a newidiodd yr hinsawdd. Mae estyniad rhewlifol yn digwydd ar raddfeydd amser gwahanol sy'n gysylltiedig â natur anwadal yr hinsawdd, fel yn ystod rhewlifoedd y cyfnod Pleistosen a'r 'Oes Iâ Fechan'. Mae hyn yn achosi lefelau egni uwch a mwy o erydiad ar ffurf sgrafelliad a phlicio, gan greu tirffurfiau mawr o erydiad rhewlifol. Mae enciliad rhewlifol sy'n gysylltiedig â rhyngrewlifoedd y cyfnod Pleistosen a chynhesu byd-eang modern yn arwain at lefelau egni is a chynnydd mewn dyddodiad rhewlifol, prosesau ffrwd-rewlifol a thirffurfiau cysylltiedig.

Abladiad Dŵr sy'n cael ei golli o rewlif gan brosesau fel ymdoddi ar yr arwyneb, anweddiad ac eira yn cael ei chwythu gan y gwynt.

Cyngor yr arholwr
Dylech gynnwys enghreifftiau i gefnogi eich esboniadau. Un enghraifft o natur anwadal yr hinsawdd yn dylanwadu ar brosesau rhewlifol a thirffurfiau yw'r 'Younger Dryas', pan fu newid yn y tymheredd, na wnaeth bara'n hir, ar ddiwedd y cylch rhewlifol diwethaf. Wrth i ddŵr croyw oer ddylifo i mewn i Ogledd Cefnfor Iwerydd, ail-ffurfiodd y rhewlifoedd, gan greu marianau peiran, e.e. Cwm Idwal.

Rhewlifoedd mewn lleoliadau oer a chynnes, eu mathau a'u cyfraddau symudiad

Mae dau fath o rewlifoedd yn bodoli, rhai **lleoliadau oer** neu rai **lleoliadau cynnes** ar sail a ydyn nhw wedi'u rhewi i'r creigwely gwaelodol ai peidio. Y tu hwnt i'r ardaloedd pegynol, mae'r rhan fwyaf o rewlifoedd mewn lleoliadau cynnes. Fodd bynnag, gall rhannau uchaf rhewlifoedd mawr fodoli mewn lleoliadau oer a gall eu hymylon fodoli mewn lleoliadau cynnes os ydyn nhw'n ymestyn i gylchfaoedd hinsoddol tymherus. Mae cyfraddau araf o **groniad** ac **abladiad** sy'n gysylltiedig â rhewlifoedd mewn hinsoddau cyfandirol oer yn golygu bod llai o anghydbwysedd rhwng croniad ac abladiad a bod yr iâ yn symud yn arafach. Mae rhewlifoedd mewn hinsoddau tymherus-arforol yn cael mwy o eira yn y gaeaf a mwy o abladiad cyflym yn yr haf, sy'n golygu bod y rhewlif yn symud yn gynt. Mae llawer mwy o erydiad o dan rewlifoedd lleoliadau cynnes nag o dan rewlifoedd lleoliadau oer.

1.2 Beth yw prosesau hindreuliad ac erydiad rhewlifol a beth yw'r tirffurfiau sy'n ganlyniad i hyn?

Hindreuliad ac erydiad yn y gylchfa rewlifol

Hindreuliad yw creigiau'n chwalu ac yn dadelfennu yn eu safle gwreiddiol. Mae cyfuniad o leithder cymharol uchel a thymheredd cymharol isel sy'n codi'n uwch ac yn disgyn yn is na'r rhewbwynt yn golygu bod hindreuliad **rhewi-dadmer**, proses **hindreuliad ffisegol**, yn gyffredin. Mae'r tymheredd isel yn golygu bod **hindreuliad cemegol** yn llai pwysig. Yn gyffredinol, mae hindreuliad rhewi-dadmer yn cyfrannu at ffurfiant nodweddion onglog mewn amgylcheddau rhewlifol, fel **cribau**. Mae hindreuliad rhewi-dadmer ar lethrau yn achosi i greigiau lithro ac yn arwain at **sgrïau**, ond gall tymheredd uwch yn yr haf arwain at leidlifau ac ymgripiad pridd, o'r enw **priddlif**. Mae hindreuliad rhewi-dadmer a symudiad sgri ar raddfa fawr yn cyfrannu'n uniongyrchol at greu **marianau** o bob math ac yn darparu'r deunydd sgraffiniol ar gyfer rhewlifoedd sy'n sicrhau bod y cyfryngau hyn yn effeithiol. Mae hindreuliad yn bwysig iawn oherwydd ei fod yn caniatáu i'r iâ i symud deunydd sydd eisoes wedi'i ryddhau.

Mae tri math o **erydiad** rhewlifol: **plicio** rhewlifol, **sgrafelliad** rhewlifol ac erydiad **dŵr tawdd** rhewlifol.

- Mae **plicio** yn digwydd pan fydd iâ yn rhewi o gwmpas creigiau sy'n ymwthio allan ac yna'n torri i ffwrdd wrth i'r iâ symud. Mae'r broses hon yn effeithiol iawn ar greigiau hollt ac mewn mannau sydd wedi profi hindreuliad o'r blaen, fel cefnfuriau peirannau.
- **Sgrafelliad** yw pan mae deunydd onglog sydd wedi'i fewnblannu yng ngwaelod ac ochrau'r rhewlif yn gweithio fel 'papur gwydrog'. Nid yw hyn yn effeithiol heb gyflenwad cyson o farian.
- Nid yw erydiad **dŵr tawdd** rhewlifol yn broses rewlifol mewn gwirionedd, ond mae'n symud deunydd yn ystod y cyfnod ymdoddi yn y gwanwyn a'r haf.

Tirffurfiau erydiad rhewlifol yn cynnwys tirffurfiau ar raddfeydd macro, meso a micro

Mae'r tirffurfiau nodweddiadol ar raddfa facro sy'n cael eu creu gan brosesau erydiad yn cynnwys **peiran**, **crib**, **pigyn pyramidaidd**, **cafn rhewlifol**, **crognant**, **sbardun blaendor** a thirffurfiau **clegyr a chynffon**.

Mae tirffurfiau ar raddfa feso yn cynnwys **craig follt** a **sianeli dŵr tawdd isrewlifol**.

Mae tirffurfiau ar raddfa ficro yn cynnwys **rhychiadau**.

Pant mewn mynyddoedd ar siâp basn yw **peiran** ac mae'n cael ei ffurfio gan rewlifoedd peiran bach sy'n cael eu hadnabod oherwydd eu symudiad cylchdro. Hindreuliad rhewi-dadmer a phlicio sy'n gyfrifol am gopa a muriau ochr serth y peiran, a sgrafelliad sy'n gyfrifol am y lloriau llyfn ac esmwyth. Wrth i bwysau'r iâ wasgu arnynt, mae rhewlifoedd peiran yn cylchdroi digon i symud i fyny a thros **fin y graig** wrth allanfa'r peiran, e.e. fel yng Nghwm Cau ar fynydd Cadair Idris (Ffigur 1).

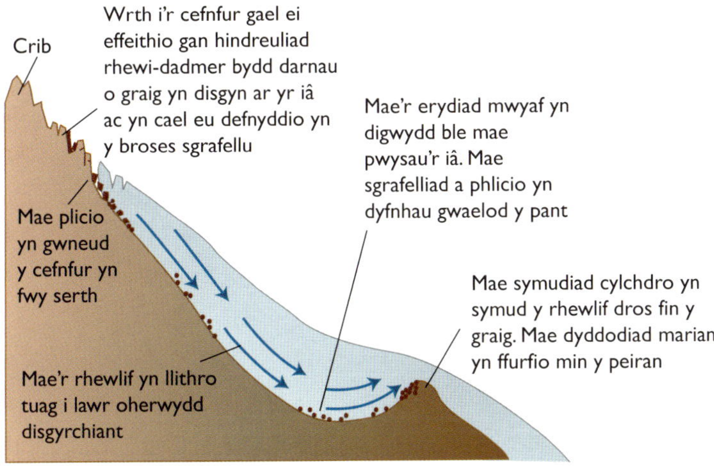

Ffigur 1 Trawstoriad i ddangos y prosesau rhewlifol sy'n gyfrifol am greu peiran

Cefnen gul, arfin yw **crib** o ganlyniad i flaen erydu ar beirannau cyfagos oherwydd hindreuliad rhewi-dadmer a phlicio, e.e. Crib Goch, Eryri.

Mae **pigynnau pyramidaidd** yn ffurfio o ganlyniad i flaen erydu ar dri neu fwy o rewlifoedd peiran, e.e. yr Wyddfa.

Bydd **cafn rhewlifol** yn cychwyn fel dyffryn afon cyn-rewlifol ar ffurf V. Mae prosesau hindreuliad rhewi-dadmer, sgrafelliad a phlicio yn dyfnhau'r dyffryn afon ac yn gwneud ei ochrau'n fwy serth, nes ffurfio dyffryn rhewlifol ar ffurf U, e.e. dyffryn Nant Ffrancon, Eryri.

Crognant yw llednant gyn-rewlifol sy'n bwydo prif sianel yr afon. Mae effaith gorddyfnu rhewlifol ar y prif ddyffryn yn golygu bod dyffryn y llednant, sydd wedi erydu llai, yn hongian dros y prif gafn, â'r afon yn rhaeadru dros yr ymyl.

Mae **sbardunau blaendor** yn dangos pa mor gryf yw erydiad rhewlifol o gymharu ag erydiad afonol, gan fod sbardunau pleth dyffrynnoedd afonydd cyn-rewlifol yn cael eu herydu gan rewlifoedd dyffrynnoedd cryf sy'n dilyn llwybr syth yn bennaf.

Erydiad gwahaniaethol

Tirffurfiau'n erydu'n wahanol sy'n golygu bod creigwely caled, gwydn, di-hollt yn erydu'n arafach na chreigiau meddalach neu greigiau sydd â mannau gwan fel hollt neu ffawt.

Mae tirffurfiau **clegyr a chynffon** (Ffigur 2) yn datblygu pan mae rhewlif yn mynd dros fàs o graig galed (y clegyr), sy'n amddiffyn creigiau mwy meddal yn yr ochr wrthrew. Mae'r ail yn ffurfio cefnen sy'n goleddu'n raddol (y cynffon). Dyma enghraifft dda o **erydiad gwahaniaethol**.

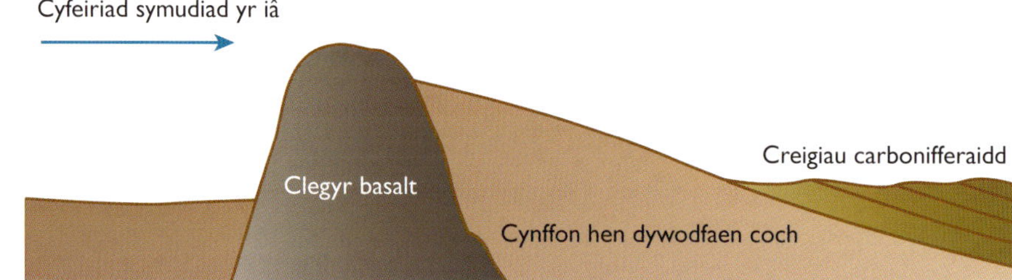

Ffigur 2 Tirffurfiau clegyr a chynffon

Bydd **craig follt** yn datblygu ar ôl i ddarn mawr o graig wydn erydu. Mae'r llethr (**llyfn**) i fyny'r rhewlif yn dangos ôl sgrafelliad ar ffurf rhychiadau, ac mae'n goleddu'n raddol. Mae'r wyneb (**sgythrog**) i lawr y rhewlif yn fwy serth a garw oherwydd plicio (Ffigur 3).

Mae **sianeli dŵr tawdd tanrewlifol** yn datblygu lle mae dŵr tawdd yn cael ei sianelu o dan rewlif, gan ledu a dyfnhau rhigolau sydd eisoes yn bodoli, e.e. Dyffryn Cheriton, Gŵyr.

Rhychiadau yw sgrafelliadau ar arwyneb y graig sy'n dangos cyfeiriad llif yr iâ.

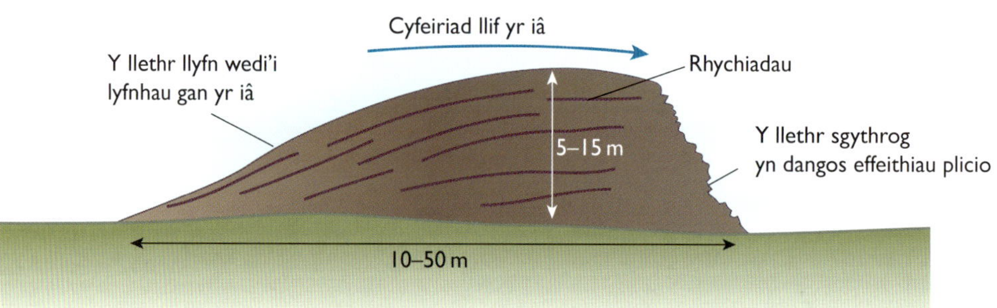

Ffigur 3 Craig follt (trawstoriad)

1.3 Beth yw prosesau cludiant a dyddodiad rhewlifol a beth yw'r tirffurfiau sy'n ganlyniad i hyn?

Cludiant a dyddodiad yn y gylchfa rewlifol

Mae'r llwythi sy'n cael eu cludo gan rewlifoedd yn dibynnu ar ddyfnder yr iâ, maint y llwyth sy'n cael ei gludo a'r tymheredd ac amodau gwasgedd sy'n effeithio ar 'lifedd' graddiant y llethr iâ. Mae'n bosibl dosbarthu deunydd sy'n cael ei gludo (malurion) fel **ar-rewlifol** (ar arwyneb y rhewlif), **mewnrewlifol** (o fewn y rhewlif), neu **danrewlifol** (o dan y rhewlif). Malurion tanrewlifol sy'n newid fwyaf wrth gael eu cludo. Mae dyddodiad yn dibynnu ar newidiadau mewn lefelau egni mewn perthynas â'r llwyth sy'n cael ei gludo. Mae'n bosibl y bydd newidiadau mewn prosesau atmosfferig yn effeithio ar hyn, felly mae'r iâ yn symud llai yn ystod cyfnodau o dymheredd uwch a llai o eira, gan arwain at lefelau egni is a mwy o ddyddodiad. Mae'r prosesau dyddodi ar gyfer rhewlifoedd yn gymhleth.

Tirffurfiau dyddodiad rhewlifol a ffrwd-rewlifol

Mae'r tirffurfiau nodweddiadol sy'n cael eu creu gan brosesau dyddodi yn cynnwys marianau tanrewlifol fel **drymlin** a **gwastadedd til**, a marianau ymyl iâ fel marianau **terfynol**, **enciliol**, **ochrol** a **chanol**. Mewn cyfnodau o dymheredd uwch pan fydd iâ ac eira yn ymdoddi, mae dyddodiad ffrwd-rewlifol yn bwysig ac yn creu **esgair**, **cnyciau gro** a **graean allolchi**. Gall **pwll tegell** neu **lyn tegell** ffurfio hefyd pan fydd yr iâ o dan yn ymdoddi.

Clwstwr o fryniau llyfn, hirgrwn yw **drymlinau** sy'n creu 'topograffi basged wyau'. Maen nhw'n debygol o fod wedi ffurfio o dan iâ dwfn, symudol ac mae eu graddfa hwyhad (*degree of elongation*) yn gysylltiedig â chyflymder yr iâ yn symud (Ffigur 4). Yn Iwerddon, mae llain o ddegau o filoedd o ddrymlinau wedi'u pacio'n dynn yn ymestyn o County Down yng Ngogledd Iwerddon, trwy County Mayo i Fae Donegal yng Ngweriniaeth Iwerddon.

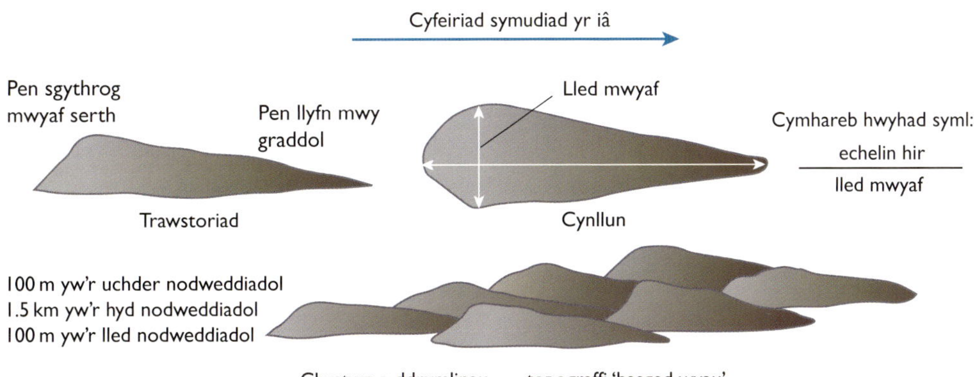

Ffigur 4 Drymlinau, yn dangos pennau sgythrog a llyfn a gogwydd y drymlinau

Mae **gwastadedd til** yn gyfuniad o farianau tanrewlifol, mewnrewlifol ac ar-rewlifol sy'n cael eu rhyddhau gan rewlif disymud wrth iddo ymdoddi, gan adael malurion cymysg.

Marianau terfynol sy'n dynodi estyniad terfynol y rhewlif neu'r llen iâ, e.e. marian y Glais yng Nghwm Tawe.

Mae **marianau enciliol** yn ffurfio lle mae'r ffrynt iâ wedi aros yn ddisymud am gyfnod cyn encilio ymhellach.

Marianau ochrol yw argloddiau o falurion rhewi-dadmer hindreuliedig sy'n rhedeg ar hyd ochrau dyffryn rhewlif. Mae **marianau canol** yn digwydd pan mae marianau ochrol yn cyfuno a dau rewlif ategol yn dod at ei gilydd.

Esgair yw cefnen droellog o silt, tywod a graean ar waelod dŵr tawdd mewn twnnel tanrewlifol ar ogwydd ongl sgwâr i'r ffrynt iâ.

Mae **cnwc gro** yn dwmpath afreolaidd o dywod a graean haenedig, wedi'u ffurfio o rewlif neu len iâ sy'n dadfeilio.

Mae **graean allolchi** yn haenau llorweddol o raean wedi'i ddyddodi gan dawdd yr haf neu ddadrewlifiant i lawr y ffrynt iâ.

Mae **pyllau tegell** yn bantiau crwn, wedi'u llenwi â dŵr tawdd yn y lle cyntaf, wrth i floc o iâ sydd wedi'i gladdu o dan waddodion ddadmer yn raddol.

1.4 Beth yw effeithiau dadrewlifiant ar y dirwedd?

Effeithiau dadrewlifiant ar y dirwedd i gynnwys prosesau ffinrewlifol, afonol ac isawyrol

Dadrewlifiant yw'r term sy'n cael ei ddefnyddio pan mae rhewlifoedd a llenni iâ yn lleihau o ganlyniad i fàs-gydbwysedd negyddol. Mae'n golygu bod arwynebau a oedd dan orchudd o iâ yn dod i'r golwg unwaith eto. Mae'n achosi i brosesau a thirffurfiau ffinrewlifol symud i uchderau a lledredau uwch. Mewn ardaloedd o dirwedd isel, mae **gwthiad** ac **ymwthiad rhew** yn brosesau ffinrewlifol pwysig. Mae **pingoau** a **daear batrymog** yn dirffurfiau ffinrewlifol cysylltiedig. Mae **hindreuliad rhewi-dadmer** a **phriddlif** yn brosesau ffinrewlifol pwysig ar lethrau, ac mae **cludeiriau (*blockfields*)**, **llethrau sgri** a **llabedau priddlif** a **meinciau** yn dirffurfiau ffinrewlifol cysylltiedig. Mae prosesau geomorffolegol perthnasol yn cynnwys prosesau **màs-symudiad** (addasu proffiliau dyffrynnoedd a gafodd eu creu gan erydiad rhewlifol yn bennaf), prosesau afonol (yn arwain at fewnlenwi pennau llynnoedd hirgul), neu brosesau hindreuliad (torri dyddodion rhewlifol a ffrwdrewlifol). Ers y rhewlifiant diwethaf, mae'r newid mewn amodau tymherus, ynghyd â'r newidiadau yn y **waelodfa** oherwydd **cymhwysiad isostatig**, wedi newid tirffurfiau rhewlifol yn sylweddol. Mae enghreifftiau eraill o ddylanwad cymhwysiad isostatig yn cynnwys arwynebau erydiad uwch ar uwchdiroedd rhewlifol a nodweddion adnewyddiad mewn dyffrynnoedd rhewlifol.

1.5 Pam mae amgylcheddau rhewlifol yn bwysig?

Effaith prosesau a thirffurfiau rhewlifol ar weithgarwch dynol

Mae prosesau rhewlifol yn effeithio ar weithgarwch dynol oherwydd y nifer uchel o **eirlithradau**, **creigiau'n cwympo** a mathau eraill o fàs-symudiad fel **tirlithriadau** a **llifogydd echwythiad rhewlifol**. Ar 23 Chwefror 1999, lladdwyd 31 o bobl gan eirlithrad yn Galtür, Awstria, a gyrhaeddodd y pentref mewn 50 eiliad yn unig.

Mae tirffurfiau rhewlifol (mewn ardaloedd lle mae rhewlifo'n digwydd ar hyn o bryd a lle mae wedi digwydd yn y gorffennol) yn arwain at gyfyngu ar weithgarwch dynol ond hefyd yn cynnig cyfleoedd ym meysydd twristiaeth, cyflenwadau dŵr ac egni, amaethyddiaeth, mwyngloddio a chwarela, anheddiad a choridorau ar gyfer cludiant.

Effaith gweithgarwch dynol ar amgylcheddau rhewlifol

Dyma rai enghreifftiau o effeithiau gweithgarwch dynol ar amgylcheddau rhewlifol:

- Gweithgareddau hamdden – gweithgareddau chwaraeon y gaeaf, gan gynnwys yr isadeiledd cysylltiedig fel adeiladau, lifftiau sgïo a ffyrdd mynediad.
- Gweithgareddau torri coed sy'n arwain at golli llystyfiant gan gyflymu hindreuliad a phrosesau màs-symudiad.
- Cronni llynnoedd rhewlifol i'w defnyddio fel cronfeydd dŵr ar gyfer cynlluniau pŵer trydan dŵr.
- Llygredd a diraddiad rhew parhaol trwy anheddiad a gwres a gwaredu gwastraff.
- Newid **anthropogenig** yn yr hinsawdd sy'n arwain at abladiad net rhewlifoedd yn fyd-eang.

Cyfleoedd a chyfyngiadau ar weithgarwch dynol sy'n deillio o symudiad ymylon y rhew parhaol

Mae cyfleoedd ar gyfer gweithgarwch dynol o ganlyniad i ymylon y rhew parhaol yn symud yn cynnwys sefydlu anheddiadau, a datblygu diwydiannau mwyngloddio ac echdynnu olew a'r diwydiant llongau ar draws Cefnfor yr Arctig. Mae cyfyngiadau ar weithgarwch dynol yn cynnwys difrod i ffurfiadau yn sgil rhewi-dadmer yn yr haen actif a'r ddaear yn ymsuddo.

1.6 Beth yw'r dulliau a ddefnyddir i reoli amgylcheddau rhewlifol a pha mor llwyddiannus yw'r strategaethau hyn?

Rheoli effeithiau prosesau a thirffurfiau rhewlifol ar weithgarwch dynol

Mae'r dulliau a ddefnyddir i reoli effeithiau prosesau rhewlifol ar weithgarwch dynol yn cynnwys mesurau atal neu reoli, sef strategaethau **peirianneg feddal** a/neu **galed**. Mae'r rhain yn cynnwys codi adeiladau cryf, gwydn; codi **rhwystrau eirlithradau** ar lethrau mynyddoedd; a **phlannu coed** i dorri llif eirlithrad. Adeiladwyd mur wedi i bobl golli eu bywydau yn eirlithrad Galtür yn 1999. Mae'r strategaeth sy'n cael ei dewis yn dibynnu ar natur y gweithgarwch dynol; dwysedd yr anheddiad ddynol; natur yr effaith; pa mor aml mae'n digwydd, difrifoldeb yr effaith, a faint o bobl sy'n marw neu'n cael eu hanafu; a'r difrod sy'n cael ei achosi i eiddo a'r isadeiledd.

Rheoli effeithiau gweithgarwch dynol ar amgylcheddau rhewlifol

Mae strategaethau a ddefnyddir i reoli effaith gweithgarwch dynol ar amgylcheddau rhewlifol yn cynnwys **atal mynediad** i, a **gwahardd y defnydd** o (agweddau ar) yr ardal sy'n cael ei heffeithio. Mae'n bosibl rheoli meddiannaeth tir a nodweddion defnydd tir mewn amgylcheddau rhewlifol trwy **reolaethau cynllunio** a **chylchfaeo (zoning)**, sy'n effeithio ar fynediad, lleoliad a dyluniad adeiladau, ac ar yr isadeiledd. Mae amrywiaeth o strategaethau wedi'u rhoi ar waith ym Mharc Cenedlaethol Eryri er mwyn rheoli effaith gweithgarwch dynol ar amgylchedd cynrewlifol, gan gynnwys atgyweirio llwybrau troed uwchdir sydd wedi erydu.

Anthropogenig

Rhywbeth sydd wedi'i wneud neu ei achosi gan bobl.

Asesiad o lwyddiant strategaethau ar gyfer rheoli naill ai prosesau/tirffurfiau rhewlifol neu weithgarwch dynol

Gall yr asesiad gynnwys dadansoddiad cost a budd ariannol. Mae hyn yn edrych ar y graddau mae amcanion y strategaeth yn cael eu cyflawni o ran rheoli neu leihau effaith/effeithiau digroeso; hyd oes y strategaeth neu'r strategaethau rheoli; neu'r graddau mae pob asiantaeth neu gorff perthnasol yn teimlo bod unrhyw strategaethau sydd wedi cael eu gweithredu wedi cyflawni'r amcanion. Yn olaf, ar ôl ystyried buddiannau'r cyfranogwyr gwahanol a'r dystiolaeth 'ar lawr gwlad', mae angen gwerthuso llwyddiant neu ddiffyg llwyddiant y strategaeth neu'r strategaethau yn gryno.

Crynodeb

Ar ôl astudio'r testun hwn, dylech chi allu:

- egluro sut mae rhewlif yn gweithredu fel system a sut mae'n ymateb i newid hinsawdd
- disgrifio ac egluro prosesau hindreuliad ac erydiad rhewlifol ac egluro datblygiad tirffurfiau penodol sy'n gysylltiedig â'r prosesau hyn
- disgrifio ac egluro prosesau cludiant a dyddodiad rhewlifol ac egluro datblygiad tirffurfiau penodol sy'n gysylltiedig â'r prosesau hyn
- disgrifio ac egluro'r prosesau a'r newidiadau tirwedd sy'n gysylltiedig â dadrewlifiant
- deall bod amgylcheddau rhewlifol yn bwysig gan fod prosesau a thirffurfiau rhewlifol yn effeithio ar weithgarwch dynol ac mae gweithgarwch dynol yn effeithio ar amgylcheddau rhewlifol
- gwybod a deall pob math o ddulliau a ddefnyddir i reoli amgylcheddau rhewlifol a gallu asesu llwyddiant strategaethau sy'n cael eu defnyddio naill ai i reoli effeithiau prosesau a thirffurfiau rhewlifol ar weithgarwch dynol neu effeithiau gweithgarwch dynol ar amgylcheddau rhewlifol

Thema 2(b) Tirffurfiau arfordirol a'u rheolaeth

1.1 Beth yw system arfordirol a beth yw ffactorau dynamig amgylcheddau arfordirol?

Y system arfordirol

Mae'r system arfordirol yn cynnwys **mewnbynnau** ac **allbynnau**. Mae dwy system wahanol:

- Y **system glogwyni**, gyda *mewnbynnau* sy'n cynnwys prosesau isawyrol **hindreuliad** a'r broses atmosfferig o erydiad gwynt; *trwybwn* sy'n cynnwys **màs-symudiad** clogwyni yn sgil **cwymp**, **llithriad** a **chylchlithriad**, ac *allbwn* o waddod ar waelod y clogwyn, sydd naill ai'n cael ei ddyddodi neu ei gludo gan brosesau morol.
- Y **system draeth**, gyda *mewnbwn* o waddod gan ddrifft y glannau, y clogwyn ac alltraeth, *trwybwn* o ddrifft y glannau ac *allbwn* o ddrifft y glannau a thonnau dinistriol sy'n cludo gwaddod alltraeth.

Celloedd gwaddod arfordirol

Mae **celloedd gwaddod** arfordirol fel arfer yn bodoli o fewn pentiroedd sy'n darparu ffiniau ar gyfer prosesau morol, a chyfyngu ar y gwaddod sy'n cael ei drosglwyddo o un gell i'r llall. Mae eu maint yn amrywio, gan ddibynnu ar natur y morlin.

Cyflwr yr ecwilibriwm dynamig yn y system arfordirol

Mae'r berthynas rhwng mewnbynnau ac allbynnau yn newid yn gyson – mae'n ddynamig – ac mae'r system yn gweithio tuag at safle ecwilibriwm lle mae mewnbynnau ac allbynnau yn gyfartal. Mae erydiad, cludiant a dyddodiad yn digwydd, gan arwain at y cysyniad o **ecwilibriwm dynamig**.

Mathau a nodweddion tonnau a'u hamrywiadau dros amser a gofod

Mae dau fath eithafol o donnau: tonnau dinistriol a thonnau adeiladol. Mae ganddynt nodweddion gwahanol ac maen nhw'n digwydd mewn gwahanol fannau yn ôl ffurfwedd lleol y morlin a/neu amodau'r prifwyntoedd.

- Mae tonnau **adeiladol** yn isel, gwastad a graddol, gyda thonfeddi'r tonnau hyd at 100 m ac amlder isel rhwng 6 ac 8 ton y funud. Mae eu torddwr yn gymharol gryfach, sy'n cludo tywod a graean bras i fyny'r traeth, ac mae eu tynddwr yn gymharol wannach. Mae tonnau adeiladol yn cyfrannu at ffurfio cefnenau ac ysgafellau traeth (Ffigur 5).

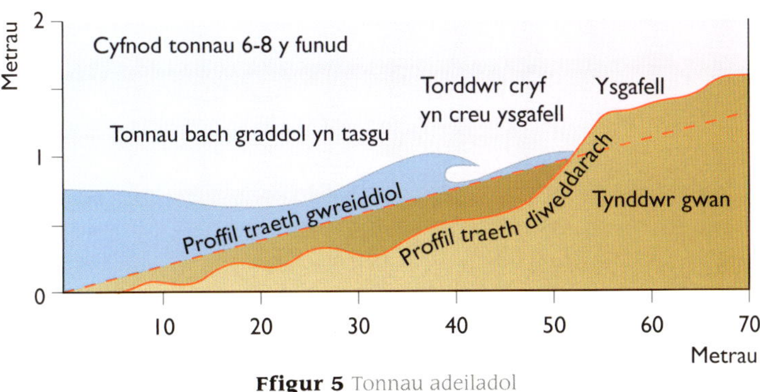

Ffigur 5 Tonnau adeiladol

- Mae tonnau **dinistriol** yn tueddu i ddigwydd yn ystod stormydd, maen nhw'n serth ac yn torri ar amlder uchel, rhwng 13 a 15 ton y funud. Mae'r tonnau'n plymio heb greu bron dim torddwr ond mae'r tynddwr yn gymharol gryfach; mae hyn yn cludo gwaddod i lawr wyneb y traeth, gan arwain at golled net o'r deunydd (Ffigur 6).

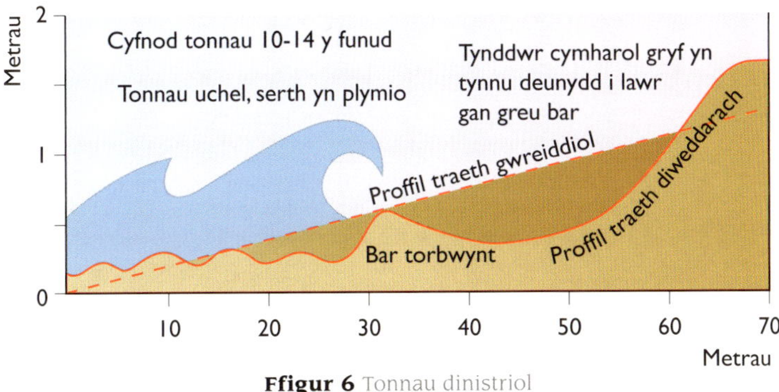

Ffigur 6 Tonnau dinistriol

Mae'r rhan fwyaf o draethau yn profi effaith tonnau adeiladol yn yr haf a thonnau dinistriol yn y gaeaf, gan arwain at gylch blynyddol o dwf a dadfeiliad y traeth.

Mae **plygiant tonnau** yn canolbwyntio egni'r tonnau ar y pentiroedd, ac mae hyn yn achosi erydiad gan wasgaru'r egni o gwmpas y bae, a dyddodi gwaddodion.

1.2 Beth yw prosesau erydu arfordirol a beth yw'r tirffurfiau sy'n ganlyniad i hyn?

Hindreulio ac erydu yn y gylchfa arfordirol

Mae hindreulio mewn amgylcheddau arfordirol yn cynnwys chwalu ffisegol sy'n cael ei achosi gan brosesau fel **rhewi-dadmer**, **grisialiad halen** a **gwlychu a sychu**; mae dadelfennu cemegol yn cynnwys **hydoddiant** a **charbonadu**. Mae'r amrywiaeth o fywyd organig rhynglanw yn hybu hindreulio **biotig**, gyda gweithgarwch yn amrywio o wreiddiau gwymon i lygaid meheryn, gwyddau môr a gwylanod yn secretu asidau. Mae prosesau erydu mewn amgylcheddau arfordirol yn cynnwys **cyrydiad**, **gweithred hydrolig**, **sgrafelliad** ac **athreuliad**.

Tirffurfiau o ganlyniad i erydu arfordirol

Clogwyni yw'r wynebau creigiog sy'n datblygu ar hyd y morlin pan mae'r môr yn dal ati i dorri i mewn wrth droed y clogwyn. Mae'r broses yn creu **rhic tonnau**, ac yna'n achosi i'r graig ddymchwel trwy ddisgyn neu gylchlithro, yn ôl **litholeg** a **gogwydd** y creigiau (gweler 1.4 isod). Wrth i'r clogwyn encilio'n raddol, bydd yn gadael **llyfndir tonnau** rhynglanw ar oledd graddol.

Mae **ogof** yn datblygu wrth i'r môr fanteisio ar fannau gwan fel hollt neu ffawt. Mae **bwa**, e.e. Durdle Door yn Dorset, yn ffurfio ar bentir lle mae dwy ogof yn erydu cefn wrth gefn. Mae **stac**, e.e. Old Harry, hefyd yn Dorset, yn deillio wrth i fwa ddymchwel. Mae **stwmp**, e.e. Harry's Wife – sydd wrth ymyl Old Harry – yn aros ar ôl i'r stac ddymchwel (Ffigur 7).

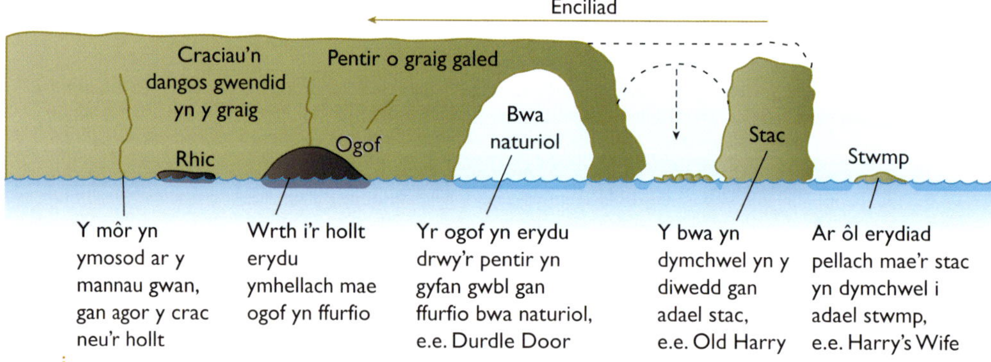

Ffigur 7 Dilyniant erydu ogof-bwa-stac-stwmp

Erydiad wrth i lefelau'r môr godi

Mae tirffurfiau sy'n cael eu creu wrth i lefelau'r môr godi yn gysylltiedig â chodiad **ewstatig** yn dilyn enciliad rhewlifol, fel y **tresmasiad Fflandriaidd (*Flandrian transgression*)**, neu ardaloedd lleol o **ymsuddiant**, fel sydd wedi digwydd yn ne-ddwyrain Lloegr. Mae nodweddion y tirffurf yn cynnwys y rhai sy'n gysylltiedig ag erydiad morol a'r môr yn llifo dros y tir, fel **riau** a **ffiordau**. Mae **cyfordraethau (*raised beaches*)** y Gŵyr yn enghraifft o lyfndiroedd tonnau sydd wedi erydu yn ystod cyfnod pan oedd lefel y môr yn uwch.

1.3 Beth yw prosesau cludiant a dyddodiad morol a beth yw'r tirffurfiau sy'n ganlyniad i hyn?

Cludiant a dyddodiad yn y gylchfa arfordirol

Mae gwaddod traeth yn cael ei gludo'n raddol ar hyd y traeth gan broses **drifft y glannau**. Mae hyn yn cael ei achosi wrth i'r tonnau agosáu ar osgo a chreu torddwr, cyn i'r tynddwr ddychwelyd i'r môr yn syth (Ffigur 8).

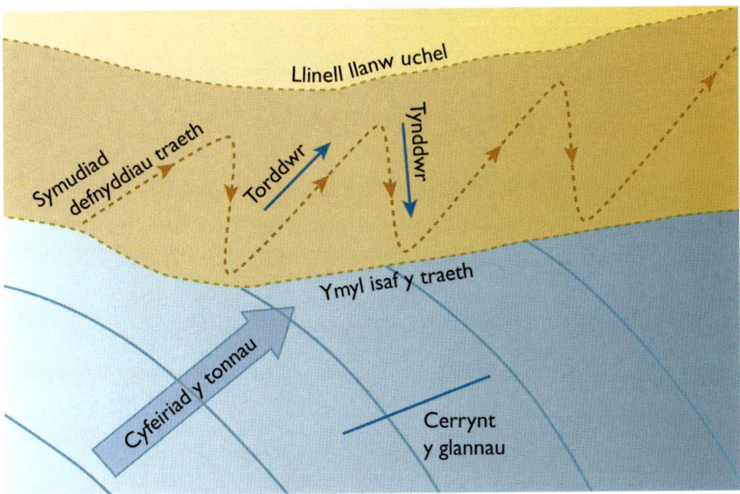

Ffigur 8 Drifft y glannau

Mae crynodiad llif y llanw yn creu ceryntau llanw sydd hefyd yn bwysig wrth gludo gwaddodion.

Tirffurfiau dyddodiad arfordirol

Mae **tafodau** yn dwmpathau o dywod a graean bras sy'n ymestyn o'r draethlin i mewn i'r môr. Mae angen cyflenwad o waddod o ddrifft y glannau i'w codi a'u cynnal. Mae'r pen pellaf yn **fachog** yn aml, ac mae'n cael ei ffurfio naill ai gan blygiant tonnau neu gan donnau lleol yn cyrraedd o gyfeiriad gwahanol. Mae **tafodau dwbl** yn digwydd lle mae drifft y glannau yn ymestyn un tafod i gyfeiriad y prifwyntoedd ac un arall o'r cyfeiriad arall, fel yn Poole yn Dorset.

Graeandir yw tafod sy'n cysylltu ynys â'r tir mawr. Er enghraifft, mae Traeth Chesil yn cysylltu Ynys Portland â thir mawr Dorset.

Gall tafodau dyfu ar draws baeau bach, gan eu cau i mewn yn y diwedd â chefnenau tywod cyflawn o'r enw **bardraethau**, e.e. Slapton Sands yn Nyfnaint.

Mae **cildraethau** yn ardaloedd o draethau tywod neu draethau graean bras sy'n meddiannu rhan o'r bae gyda phentiroedd yn ymestyn o'u cwmpas, e.e. Bae Barafundle yn Sir Benfro.

Mae **barrau alltraeth** yn gyfres o gefnenau tywod a/neu raean bras sydd wedi'u datblygu alltraeth ar forlin o silffoedd graddol.

Mae **penrhynau cysbaidd** yn dyfiannau trionglog o gefnenau graean bras wedi'u ffurfio gan ddrifft y glannau o gyfeiriadau gwahanol, e.e. yn Dungeness, Caint (*Kent*).

Codiad yn lefel y môr a dyddodiad

Wrth i lefelau'r môr godi, bydd yn creu **arfordir suddedig**. Mae codiadau ewstatig yn lefel y môr yn gysylltiedig ag enciliadau rhewlifol ac yn golygu bod y môr yn dylifo dros ardaloedd isel. Mae **morydau** yn cael eu creu, gan ddatgelu fflatiau llaid a dyddodion pan fydd y llanw yn isel.

1.4 Pa ran mae daeareg yn ei chwarae yn natblygiad tirffurfiau arfordirol?

Rheolaethau litholegol ar ddatblygiad tirffurfiau arfordirol

Mae defnyddiau traeth yn aml yn llawn craig sydd wedi erydu'n lleol ac mae nodweddion y graig yn dylanwadu ar nodweddion y traeth. Er enghraifft, mae graean bras yn gallu creu ongl llethr uwch na thywod ac yn gallu caniatáu rhagor o ymdreiddiad. Mae pentiroedd a baeau Penrhyn Gŵyr yn cael eu ffurfio gan haenau bob yn ail o greigiau **calchfaen carbonifferaidd** gwydn a **sialau 'Namwraidd'** gwannach (Ffigur 9).

Mae creigiau igneaidd fel **gwenithfaen** yn erydu'n arafach ac yn ffurfio clogwyni ag ochrau serth, e.e. Land's End. Mae clogwyni sydd wedi'u gwneud o **dywod** a **chlai anghyfunol**, e.e. yn Barton-on-Sea, Hampshire, yn dioddef o brosesau màs-symudiad cymhleth fel llithriadau, cylchlithriadau a llifoedd.

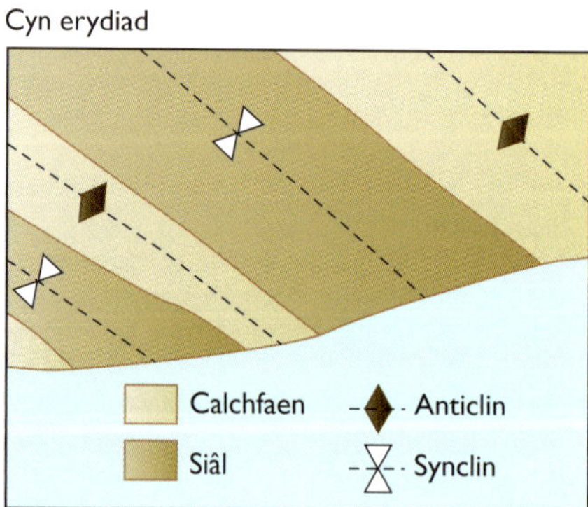

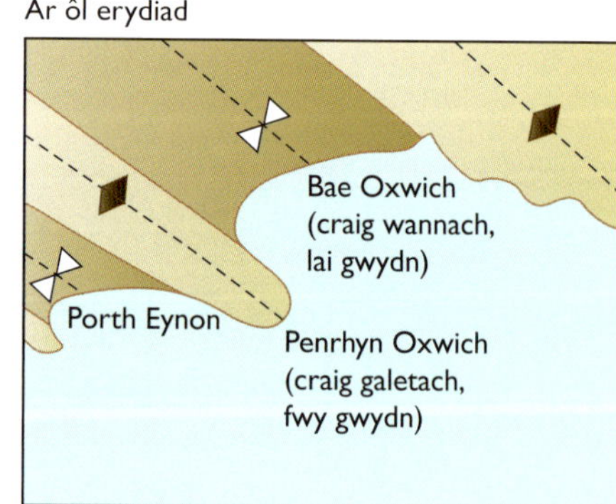

Ffigur 9 Pentiroedd a baeau (Penrhyn Gŵyr)

Rheolaethau strwythurol ar ddatblygiad tirffurfiau

Mae **strwythurau** daearegol fel planau haenu, ffawtiau a chraciau yn gallu ychwanegu nodweddion unigryw at glogwyni arfordirol, fel siâp ogofâu a nodweddion lleol eraill fel **mordyllau**.

Mae gogwydd y morlin mewn perthynas â'r ddaeareg leol yn ffactor pwysig iawn (Ffigur 10). Os yw'r duedd ddaearegol yn **gydgordiol**, hynny yw cyfochrog â'r arfordir, mae **morlin Dalmataidd** gyda childraethau a barrau o graig solet yn cael ei greu. Bydd daeareg wahaniaethol ar onglau sgwâr i'r arfordir yn arwain at **forlin anghytgordiol** gyda baeau a phentiroedd, e.e. Ynys Purbeck, Dorset.

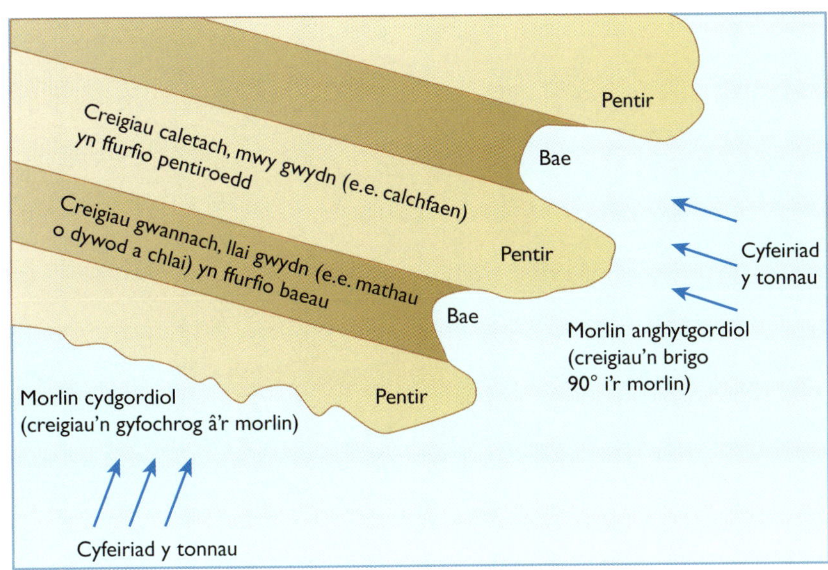

Ffigur 10 Morlinau cydgordiol ac anghytgordiol

1.5 Pam mae angen rheoli amgylcheddau arfordirol?

Effaith prosesau a thirffurfiau arfordirol ar weithgarwch dynol

Mae effaith prosesau arfordirol ar weithgarwch dynol yn gallu bod yn negyddol a chadarnhaol. Mae prosesau hindreulio a màs-symudiad ar hyd y morlin yn gallu peryglu adeiladau, fel y digwyddodd yn 1993 pan wnaeth Gwesty Holbeck Hall yng Ngogledd Swydd Efrog ddymchwel. Wrth i ddeunydd gael ei gludo, mae'n gallu siltio morydau a'i gwneud hi'n anoddach teithio trwy fynedfa harbwr, e.e. Harbwr Poole yn Dorset, a therfynfa fferi Newhaven ar aber afon Ouse yn Nwyrain Sussex. Fodd bynnag, mae dyddodiad hefyd yn creu traethau sy'n addas ar gyfer twristiaeth, e.e. Bae Studland, Dorset.

Mae tirffurfiau arfordirol yn effeithio ar weithgarwch dynol. Mae iseldiroedd arfordirol yn bwysig ar gyfer cynhyrchu bwyd. Mae porthladdoedd arfordirol yn gwneud cyfraniad allweddol at fasnach y byd, ac mae'r arfordir wedi dod yn lle poblogaidd ar gyfer hamdden, adloniant a thwristiaeth.

Effaith gweithgarwch dynol ar amgylcheddau arfordirol

Mae diwydiannau mawr a phwysig sy'n defnyddio llawer o ofod yn cael eu lleoli ar yr arfordir yn aml, e.e. gwaith dur ym Mhort Talbot, purfeydd olew yn Aberdaugleddau, terfynellau nwy yn Easington, Swydd Efrog, a gosodiadau amddiffyn yn Plymouth.

Cyngor yr arholwr

Wrth drafod effaith prosesau a thirffurfiau arfordirol ar weithgarwch dynol, cofiwch gynnwys gwybodaeth am brosesau a thirffurfiau arfordirol penodol ac enghreifftiau clir, wedi'u datblygu'n dda, o'r effeithiau hyn.

Bydd angen morglawdd, glanfa a doc i wasanaethu'r gosodiadau hyn a bydd y strwythurau hyn yn newid cerrynt y llanw lleol ac yn dylanwadu ar batrymau erydu a dyddodi lleol.

Bydd twristiaeth yn effeithio ar y prosesau os bydd awdurdodau lleol yn codi morglawdd, promenâd ac argor i greu traethau tywod ar gyfer ymwelwyr. Yn achos Gwesty Holbeck Hall, er enghraifft, mae'n bosibl bod yr adeilad ei hun yn rhannol gyfrifol am y ffaith iddo ddymchwel, oherwydd gallai pwysau ychwanegol y strwythur fod wedi gwneud y clai oddi tanodd yn fwy tebygol o gylchlithro.

Mae effeithiau negyddol gweithgareddau hamdden ac adloniant ar amgylcheddau arfordirol yn cynnwys erydiad llwybrau troed a phobl yn sathru ar ardaloedd sydd ag ecosystemau arfordirol bregus, fel twyni. Gall carthu tywod a graean alltraeth hefyd effeithio ar gyflenwad defnyddiau ar gyfer traethau.

1.6 Beth yw'r dulliau a ddefnyddir i reoli amgylcheddau arfordirol a pha mor llwyddiannus yw'r strategaethau hyn?

Rheoli effeithiau prosesau a thirffurfiau arfordirol ar weithgarwch dynol

Mae **strategaethau peirianneg galed** yn cynnwys:

- Codi **morgloddiau** concrit i leihau egni'r tonnau, ond mae adeiladu a chynnal a chadw morgloddiau'n ddrud.
- **Cogfeini/arfogaeth greigiog (rip-rap)**, sef creigiau mawr caled wedi'u gosod o flaen morgloddiau a'u defnyddio fel argorau weithiau. Mae'n strwythur drud a hyll.
- **Argorau**, sef muriau sy'n cael eu hadeiladu ar ongl sgwâr i'r arfordir. Yn y gorffennol, maen nhw wedi'u gwneud o drawstiau rheilffordd pren, ond mae'n bosibl defnyddio cogfeini. Maen nhw'n rhwystro tywod rhag symud o'r traeth.
- **Caergewyll**, sef blociau o graig galed maint canolig wedi'u rhoi mewn rhwydi gwifrog. Maen nhw'n ddrud ac yn gallu bod yn hyll.
- **Gwrthgloddiau**, sef muriau pren isel slat ac onglog wedi'u codi yn gyfochrog â'r traeth. Maen nhw'n amsugno egni'r tonnau ac yn gwarchod clogwyni meddal. Strwythur hyll sy'n gallu torri'n gyflym.

Mae **ailraddio clogwyni** yn lleihau cylchlithro, yn enwedig os bydd **cynlluniau draenio** effeithiol ar gyfer y clogwyni, ond nid yw hyn yn atal defnyddiau i adael y traeth.

Mae strategaethau **peirianneg feddal** yn cynnwys:

- **Ail-lenwi'r traethau**, sef ychwanegu defnyddiau artiffisial at y traeth i wneud iawn am golledion naturiol. Mae Traeth Miami yn Florida yn cael ei reoli fel hyn, ond mae strategaeth o'r fath yn ddrud iawn.

Mae arfordir Holderness yn East Riding, Swydd Efrog yn encilio'n barhaus ac mae strategaethau rheoli arfordirol yn hollbwysig. Mae pentref Mappleton yn cael ei fygwth gan erydiad arfordirol ac mae'r ffordd i mewn i'r pentref o fewn 50 m i ymyl y clogwyn. Yn 1991, defnyddiwyd dulliau **peirianneg galed** i arafu cyfradd yr erydiad. Cafodd **argor** o glogfeini gwenithfaen ei adeiladu allan yn y môr, a daliwyd y tywod y tu ôl iddo i greu traeth. Cafodd argor arall a **gwrthglawdd** eu codi i'r de o'r argor cyntaf ar ongl sgwâr iddo er mwyn amsugno egni dinistriol y tonnau a lleihau'r defnyddiau sy'n eu symud o'r traeth gan ddrifft y glannau. Bu ymgais hefyd i

---

Ailraddio clogwyni

Ailstrwythuro wyneb y clogwyn i gael gwared â'r graddiant serth.

sefydlogi'r clogwyni clog-glai trwy **ailraddio** wyneb y clogwyn er mwyn lleihau ei ongl a lleihau'r màs-symudiad yn ogystal (Ffigur 11).

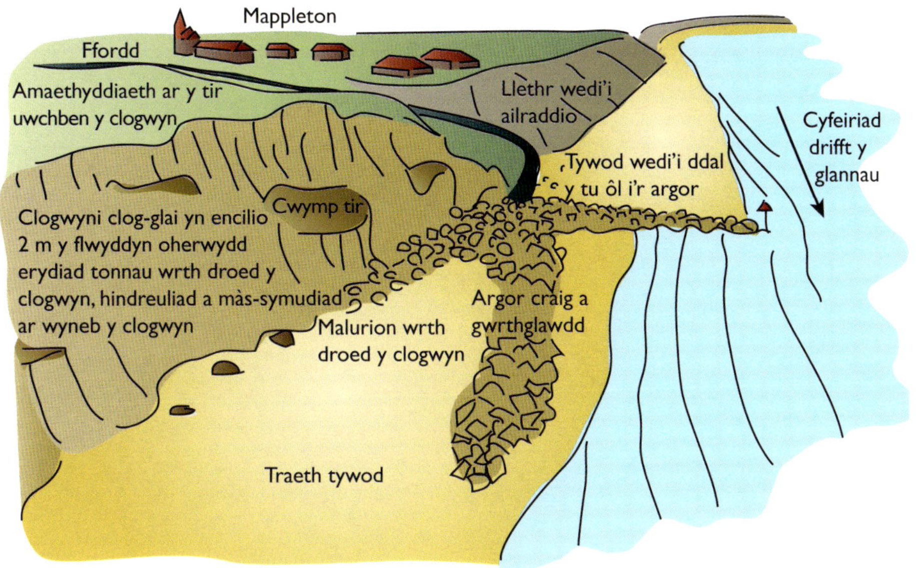

Ffigur 11 Strategaethau rheoli arfordirol yn Mappleton, Holderness

Rheoli effeithiau gweithgarwch dynol ar amgylcheddau arfordirol

Mae tua 750,000 o bobl yn ymweld â Childraeth Lulworth yn Dorset bob blwyddyn. Fodd bynnag, mae twristiaeth yn creu llawer o broblemau, gan gynnwys yr angen i ddarparu meysydd parcio mawr ar gyfer cerbydau, siopau ymwelwyr sy'n anaddas neu'n hyll, erydiad llwybrau troed, llygredd sŵn ac aer, sbwriel a charthion, ac erydiad y SoDdGA Daearegol o ganlyniad i chwilio am ffosiliau a theithiau maes.

Mae rheoli'r gweithgarwch dynol hwn yn cynnwys rheoli llwybrau troed; gwybodaeth ar gyfer ymwelwyr, fel byrddau arddangos, taflenni, teithiau tywys a sgyrsiau ac arddangosfeydd addysgol; atal mynediad i safleoedd hyll; a sefydlu system gwirfoddoli arfordirol.

Asesiad o lwyddiant strategaethau ar gyfer rheoli naill ai prosesau/tirffurfiau arfordirol neu weithgarwch dynol

Mae'r strategaethau rheoli sydd wedi'u rhoi ar waith yn Mappleton wedi lleihau'r erydu arfordirol ond nid ydyn nhw wedi datrys y broblem. Mae pobl leol yn mynnu cael eu hamddiffyn yn well ond mae'r llywodraeth a'r awdurdod lleol yn amharod i wneud mwy o waith oherwydd eu bod yn credu na fyddai'r manteision yn cyfiawnhau'r gost. Ni fyddai gwaith ychwanegol yn llwyddo i atal yr enciliad arfordirol, dim ond ei arafu. Yn ogystal, byddai dal rhagor o waddod yn Mappleton yn creu rhagor o erydiad ymhellach i'r de, wrth i lai o waddod gael ei gludo yno gan ddrifft y glannau i gryfhau'r traethau ac amddiffyn yr arfordir.

Ar ôl astudio'r testun hwn, dylech chi allu:

- egluro sut mae'r system arfordirol yn gweithredu a deall ffactorau dynamig amgylcheddau arfordirol

- disgrifio ac egluro prosesau hindreulio ac erydu arfordirol a nodi ac egluro'r tirffurfiau sy'n datblygu yn sgil y prosesau hyn, gan gynnwys tirffurfiau sydd wedi erydu wrth i lefelau'r môr godi

- disgrifio ac egluro prosesau symud a dyddodi morol a nodi ac egluro'r tirffurfiau sy'n datblygu yn sgil y prosesau hyn, gan gynnwys tirffurfiau sydd wedi dyddodi wrth i lefelau'r môr godi

- disgrifio ac egluro effaith litholeg ac adeiledd ar ddatblygiad tirffurfiau arfordirol

- deall bod angen rheoli amgylcheddau arfordirol gan fod prosesau a thirffurfiau arfordirol yn effeithio ar weithgarwch dynol a bod gweithgarwch dynol yn effeithio ar amgylcheddau arfordirol

- gwybod a deall amrywiaeth o ddulliau a ddefnyddir i reoli amgylcheddau arfordirol a gallu asesu llwyddiant y strategaethau a ddefnyddir naill ai i reoli effeithiau prosesau a thirffurfiau arfordirol ar weithgarwch dynol neu effeithiau gweithgarwch dynol ar amgylcheddau arfordirol

Thema 3 Peryglon hinsoddol

1.1 Ym mha ffordd mae cylchrediad atmosfferig byd-eang yn achosi cylchfaoedd hinsoddol byd-eang?

Symudiad atmosfferig

Mae egni solar (**darheulad**) yn pweru'r system atmosfferig a'r cylchrediadau egni oddi mewn iddi. Mae'r lefelau o egni solar (**cyllideb wres**) sy'n cael eu derbyn yn amrywio yn ôl lledred. Mae gan y trofannau **egni dros ben** gan eu bod yn ennill mwy o ddarheulad nag y maen nhw'n ei golli trwy **belydriad**. Mae **diffyg egni** yn y lledredau tymherus uwch a'r lledredau pegynol, gan fod mwy o egni'n cael ei golli trwy belydriad nag sy'n cael ei ennill trwy ddarheulad. Mae'r anghydbwysedd hwn mewn dosbarthiad egni yn arwain at drosglwyddo egni gwres o'r trofannau i'r lledredau uwch.

Nodwch brif leoliadau byd-eang y beltiau gwasgedd isel a gwasgedd uchel sy'n gysylltiedig â chell Hadley.

Model y tair cell: celloedd Hadley, Ferrel a Phegynol

Y trosglwyddiad egni byd-eang hwn yw sylfaen y cylchrediadau atmosfferig byd-eang, sy'n achosi'r beltiau gwasgedd isel a gwasgedd uchel a'r systemau gwynt planedol sy'n gysylltiedig â thair prif gell darfudiad y Ddaear: celloedd **Hadley**, **Ferrel** a **Phegynol**. Dyma sylfaen model y **tair cell** sy'n rheoli symudiadau atmosfferig ac ailddosbarthiad egni gwres (Ffigur 12).

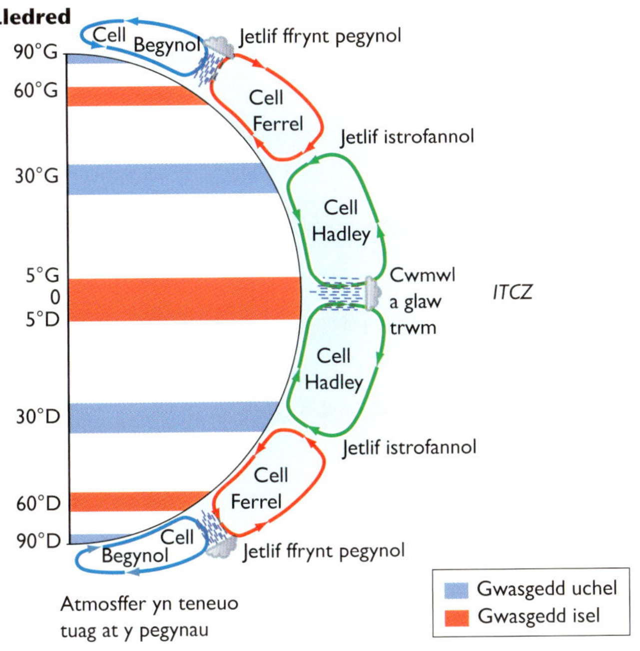

Ffigur 12 Celloedd darfudiad a beltiau gwasgedd

Patrymau gwyntoedd a beltiau gwasgedd y byd

Dangosir hyn yn Ffigur 13.

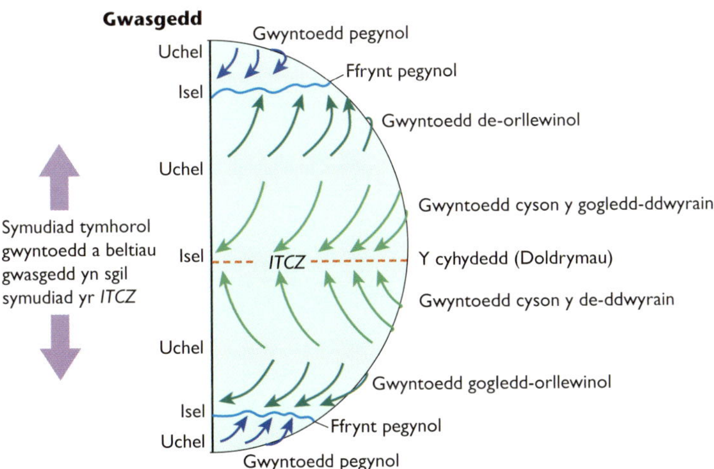

Ffigur 13 Beltiau gwasgedd a systemau gwynt cysylltiedig

1.2 Pam mae amrywiadau yn yr hinsawdd yn digwydd yn dymhorol ac yn gyfnodol?

Amrywiadau tymhorol

Mae amrywiadau tymhorol yn yr hinsawdd oherwydd:

- Symudiad tymhorol y **Gylchfa Gydgyfeiriol Ryngdrofannol** (*ITCZ: Inter-Tropical Convergence Zone*), a'r beltiau gwasgedd a gwynt sy'n gysylltiedig â symudiad safle'r haul uwchben yn ystod y flwyddyn.
- Effeithiau ceryntau cynnes a chlaear y cefnforoedd.
- Y gwahaniaeth rhwng tymheredd yr eangdiroedd cyfandirol a thymheredd dyfroedd y cefnfor cyfagos.

Mewn rhanbarthau trofannol, mae newidiadau tymhorol yn llawer mwy amlwg mewn hinsoddau **safana** a **monsŵn**. Mewn ardaloedd tymherus, mae newidiadau tymhorol yn fwy amlwg yn y **mewndir cyfandirol** ac ar **ymyl arfordir y dwyrain**.

Dyma esboniad o amrywiadau tymhorol mewn hinsoddau **monsŵn**.

Hinsawdd monsŵn

Mae hinsoddau o'r fath yn bodoli yn bennaf ar ochr ddwyreiniol eangdiroedd cyfandirol yn y trofannau, gan ymestyn ar draws tua 5-20 gradd o ledred.

Un o nodweddion hinsawdd monsŵn yw *tymor poeth a gwlyb amlwg a thymor mwy claear a sych*, yn sgil symudiad blynyddol yr *ITCZ* rhwng y trofannau a symudiad cysylltiedig y beltiau gwasgedd a'r newid tymhorol yng nghyfeiriad y gwyntoedd sy'n deillio o hyn. Mae patrymedd hinsawdd monsŵn yn fwy amlwg yn isgyfandir India, ond mae'n bodoli mewn ardaloedd eraill i'r gogledd a'r de o'r Cyhydedd ar ymyl dwyreiniol cyfandiroedd, e.e. dwyrain Affrica.

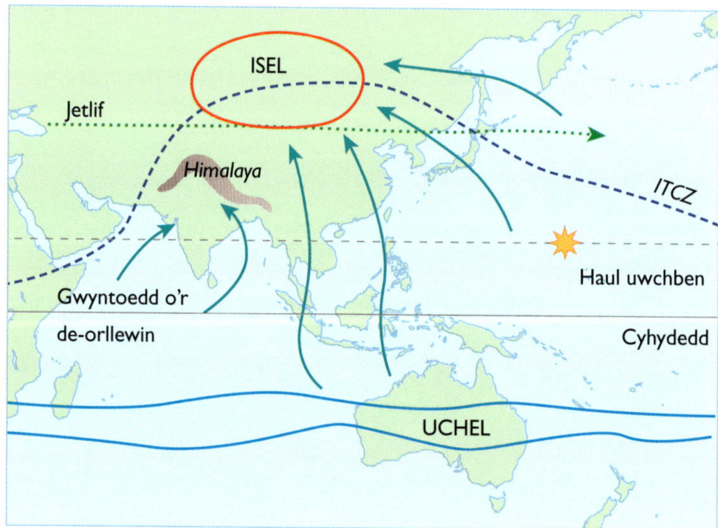

Ffigur 14 Tymor gwlyb y monsŵn (Mehefin i Hydref)

Mae *tymor gwlyb y monsŵn* (Ffigur 14) yn digwydd pan fydd yr *ITCZ* yn symud i'r rhanbarth, gan ddod ag ardal o wasgedd isel a thynnu gwyntoedd poeth, llaith o'r cefnfor. Mae'r glawiad yn cynyddu yn sgil **ymgodiad orograffig**, a'r gwyntoedd llaith hyn yn cael eu tynnu dros uwchdiroedd, e.e. y Ghats Gorllewinol yn India. Mae'r tymheredd cyfartalog yn uchel, 30°C, ac mae lefel y lleithder yn uchel iawn hefyd. Mae'r glawiad cyfartalog tua 2000 mm ac yn lleihau wrth symud i'r mewndir. Mae seiclonau a chorwyntoedd yn gyffredin tua diwedd y tymor glaw.

Mae'r *tymor sych, mwy claear* (Ffigur 15) yn digwydd wrth i'r gwasgedd uchel cyfandirol ymestyn gyda'r *ITCZ* yn symud yn ôl tuag at y Cyhydedd a draw i'r trofannau. Wrth i'r gwasgedd uchel reoli, mae'r aer yn suddo ac mae'r gwyntoedd allchwyth yn sych. Mae'r tymheredd yn parhau'n gymharol uchel, sef 25°C yn ardaloedd yr iseldir, ac mae'r cyfraddau anweddu yn uchel hefyd. Mae'r tywydd yn llawer mwy eithafol yn yr ardaloedd mynyddig.

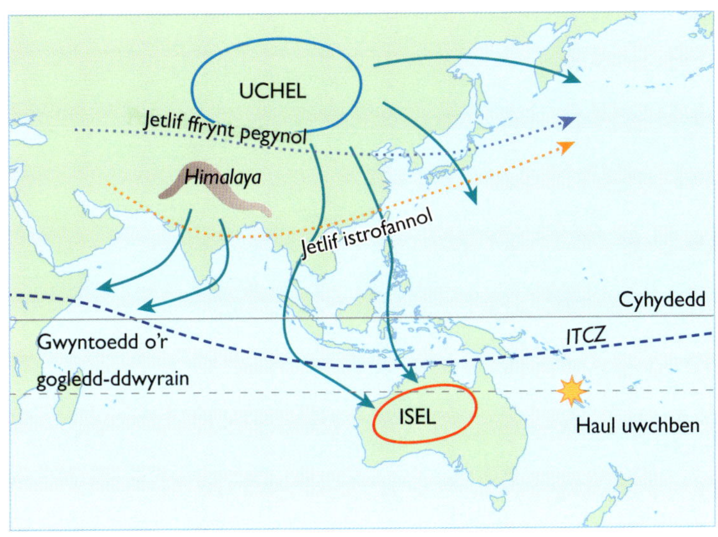

Ffigur 15 Y tymor sych, mwy claear (Tachwedd i Fai)

Newidiadau cyfnodol yn yr hinsawdd

Mae newidiadau cyfnodol yn yr hinsawdd yn digwydd yn y tymor hir a'r tymor byr. Mae newidiadau **rhewlifol** a **rhyngrewlifol** yn enghreifftiau o newidiadau tymor hir. Mae cylchredau **El Niño/La Niña** yn enghreifftiau o newidiadau tymor byr.

1.3 Beth yw prif hinsoddau'r byd?

Wrth baratoi ar gyfer yr arholiad, bydd angen i chi wybod am brif hinsoddau'r byd a'u deall, gan gynnwys dosbarthiad prif hinsoddau'r cylchfaoedd trofannol a thymherus. Fodd bynnag, mae angen cyfeirio'n fanwl at UN math o hinsawdd yn unig; naill ai hinsawdd rhanbarth **trofannol** neu hinsawdd rhanbarth **tymherus**.

Y prif fathau hinsoddol yn y rhanbarthau trofannol

Y prif ddylanwadau ar hinsoddau rhanbarthau **trofannol** yw:
- Safle'r haul yn union uwchben neu bron yn union uwchben yn rhoi darheulad uchel drwy gydol y flwyddyn.
- Lleoliad a symudiad tymhorol yr *ITCZ* ynghyd â systemau gwynt y beltiau gwasgedd trofannol.
- Llwybr y jetlifau uchaf yn effeithio ar lwybr y systemau gwasgedd isel.

- Gwresogi gwahaniaethol yr eangdiroedd a'r cefnforoedd yn y trofannau yn effeithio ar batrymau gwasgedd aer a chyfeiriadau gwynt tymhorol.
- Effeithiau ceryntau oer alltraeth ar ymylon tiroedd gorllewinol a cheryntau cynnes ar ymylon dwyreiniol.
- Lleoliad cadwyni mynyddoedd a'u heffaith ar wyntoedd llaith sy'n chwythu i mewn oddi ar y cefnfor.

Hinsawdd safana

Gwirio gwybodaeth 8

Beth yw prif nodwedd hinsawdd safana?

5-20 gradd lledred bob ochr i'r rhanbarth Cyhydeddol.

Mae darheulad uchel yn achosi tymheredd uchel rhwng 35 a 25°C drwy gydol y flwyddyn. Nodwedd arbennig yr hinsawdd hon yw bod un tymor yn *boeth a gwlyb* a thymor arall yn *sych, ac yn fwy claear*. Mae'r lleithder ar ei uchaf yn y tymor gwlyb, ond mae cyfraddau anweddiad yn aros yn uchel yn ystod y tymor sych, mwy claear. Mae'r glaw yn digwydd pan mae'r *ITCZ* yn symud tuag at y trofan ynghyd â symudiad ymddangosiadol yr haul uwchben. Mae hyn yn arwain at wasgedd isel yn bennaf yn ystod y tymor poeth, gyda gwyntoedd mewnchwyth llaith a cheryntau aer sy'n codi yn creu glaw **darfudol**. Mae'r lefelau glaw mwyaf dibynadwy yn y lledredau Cyhydeddol, lle maen nhw'n cyrraedd 800 mm y flwyddyn ar gyfartaledd. Maen nhw'n llai dibynadwy tuag at ymylon y diffeithdir poeth, ac yn disgyn i 300-400 mm y flwyddyn ar gyfartaledd.

Gwirio gwybodaeth 9

Beth yw glaw darfudol? Enwch ddau fath arall o law.

Mae'r tymor sych, mwy claear yn rhanbarth y safana yn digwydd ar adeg o wasgedd uchel a gwyntoedd allchwyth sych yn bennaf; dyma pryd mae'r haul uwchben a'r *ITCZ* yn symud i ffwrdd i ymestyn tu hwnt i'r Cyhydedd tuag at y trofannau eraill.

Y prif fathau hinsoddol yn y rhanbarthau tymherus

Y prif ddylanwadau ar hinsawdd yn y rhanbarthau **tymherus** yw:
- Lleoliad lledredau canol.
- Dylanwad belt gwasgedd isel y lledredau canol a'r amodau atmosfferig ar hyd y ffrynt pegynol yn ogystal â dylanwad y jetlif uchaf, ac eithrio'r ardaloedd cyfandirol yn y gaeaf.
- Symudiad tymhorol y beltiau gwasgedd a gwynt.
- Safle a rhyngweithiad ar ymylon yr aergyrff gwahanol yn effeithio ar ardaloedd mewn lledredau tymherus.
- Gwresogi gwahaniaethol yn y mewndir cyfandirol ac ar ymylon y cefnforoedd.
- Effaith ceryntau cefnforol a'r aer uwch eu pen.
- Lleoliad cadwyni uwchdiroedd mewn perthynas â phrifwyntoedd.

Hinsawdd Ewropeaidd ymyl gorllewinol arforol

Lledred canol, 35 i 55 gradd.

Nodweddion yr hinsawdd hon yw tymereddau cymharol fwyn (amrediad tymhorol cyfartalog o 5-20°C), ynghyd â lleithder a dyodiad uchel (600 mm ar gyfartaledd) drwy gydol y flwyddyn. Fodd bynnag, mae lefelau dyodiad yn llawer uwch ar uwchdiroedd sy'n wynebu prifwyntoedd gorllewinol llaith o'r cefnfor, e.e. ar Fynyddoedd Cambria yng Nghymru. Ar y llaw arall, mae lefelau dyodiad yn isel mewn ardaloedd cysgod glaw, e.e. iseldir East Anglia.

Y safle lledred canol, y belt gwasgedd isel a'r prifwyntoedd gorllewinol mwyn yw'r prif ddylanwad ar lefelau'r tymheredd a'r dyodiad. Mae ceryntau cynnes yn cynhesu'r prifwyntoedd, e.e. Llif y Gwlff, ar ymyl gorllewinol eangdiroedd.

Mae'r tywydd yn cael ei ddylanwadu'n gryf gan safle'r ffrynt pegynol, y jetlif cysylltiedig, a'r diwasgeddau sy'n symud i gyfeiriad y gorllewin ar hyd y ffrynt, am yn ail â chyfnodau o amodau antiseiclonig. Mae'r rhain yn gysylltiedig â safle ac ehangder y prif aergyrff sy'n dylanwadu ar yr ymylon gorllewinol cyfandirol yn y lledredau canol: yr Aergyrff **Cyfandirol Pegynol**, **Arforol Pegynol**, **Arforol Arctig**, **Arforol Trofannol** a **Chyfandirol Trofannol**. Mae'r rhyngweithiad rhwng yr aergyrff hyn, ynghyd â'r jetlif uchaf a'r tonnau Rossby cysylltiedig, yn dylanwadu ar ddatblygiad diwasgeddau ar hyd y ffrynt pegynol.

Mae cyfnodau hir o dywydd sych yn yr haf ac amodau 'tywyllwch antiseiclonig' yn y gaeaf yn gallu dilyn os yw un o'r aergyrff cyfandirol yn para ar draws yr ymylon gorllewinol hyn. Mewn cyferbyniad, gall diwasgedd dwfn, sy'n symud yn gyflym dros yr ardal, arwain at amodau storm, gyda gwyntoedd cryf, tymhestlog a glawiad trwm.

1.4 Beth sy'n achosi peryglon gwasgedd isel a gwasgedd uchel?

Rôl y jetlifau a thonnau Rossby yn rheoli ffurfiant y systemau tywydd

Jetlifau a **thonnau Rossby** sy'n rheoli sut mae systemau tywydd yn cael eu ffurfio. Mae'r jetlifau rhwng y celloedd atmosfferig gwahanol, ar uchder o tua 5 milltir, o fewn y **tropoffin** (Ffigur 12): y **jetlif pegynol** (40-60°G+D) a'r **jetlif istrofannol** (25-30°G+D). Mae'r jetlifau hyn yn symud aer yn gyflym (hyd at 130 mya) yn llorweddol o gwmpas y Ddaear ac yn creu tonnau Rossby. Mae nifer y tonnau yn amrywio yn ystod y flwyddyn ond mae rhwng 4 a 6 ton yn yr haf fel arfer, a 3 ton yn y gaeaf.

Mewn safleoedd lledred canol yn hemisffer y gogledd, mae tonnau Rossby yn cyfrannu at greu **diwasgeddau** ac **antiseiclonau**. Mae'r aer yn arafu ac yn pentyrru wrth symud o'r gorllewin i'r dwyrain i mewn i gafn, gan arwain at **gydgyfeiriant**. Mae cydgyfeiriant yn yr aer uchaf yn achosi llif i lawr i'r ddaear ac yn creu systemau gwasgedd uchel ar lefel y ddaear. Wrth i'r aer adael y cafn mae'n cyflymu ac yn dargyfeirio cyn cyrraedd y cafn nesaf. Mae **dargyfeirio** yn yr aer uchaf yn achosi systemau gwasgedd isel ar lefel y ddaear. Mae'r tonnau'n brin ar adegau, ac yn fas, gan arwain at **fynegai cylchfaol uchel** a chyfres o systemau gwasgedd isel. Ar adegau eraill mae'r llif yn gryfach, yn arwain at **fynegai cylchfaol isel** gan ffurfio systemau gwasgedd uchel, rhwystrol.

Ffurfiant system gwasgedd isel a pheryglon cysylltiedig stormydd, seiclonau trofannol a thornados

Stormydd a **seiclonau trofannol** yw'r peryglon sy'n gysylltiedig â systemau gwasgedd isel yn y trofannau, ac maen nhw'n arwain at law trwm iawn a gwyntoedd cryf. Mae'r amodau peryglus hyn, sy'n digwydd tua diwedd y tymor poeth fel arfer (Awst-Tachwedd yn hemisffer y gogledd), yn cael eu creu mewn diwasgeddau dwfn iawn sy'n symud yn gyflym dros gefnforoedd oddi ar ymylon dwyreiniol cyfandiroedd y trofannau a'r istrofannau. Maen nhw'n achosi peryglon eilaidd fel **llifogydd**, **ymchwydd storm** a'r **môr yn ymledu dros y tir**, **tirlithriadau**, **lleidlifau** a **difrod gan y gwynt**.

Stormydd difrifol, **glawiad trwm** neu **eira** a **gwyntoedd cryf, tymhestlog** yw rhai o'r peryglon sy'n gysylltiedig â systemau gwasgedd isel mewn rhanbarthau tymherus. Mae'r

---

Cyngor yr arholwr

Dylech ddysgu data hinsoddol ar gyfer eich dewis o hinsawdd er mwyn dangos ei nodweddion yn nhermau lefelau glawiad a'r dosbarthiad a'r amrywiadau mewn tymheredd dyddiol a thymhorol. Defnyddiwch y ffigurau hyn er mwyn gwneud yn siŵr bod eich atebion yn fwy trwyadl a manwl.

Perygl hinsoddol

'Digwyddiad hinsoddol/ tywydd eithafol sy'n achosi niwed a difrod i bobl, eiddo, isadeiledd a defnydd tir'. Nid dim ond effaith uniongyrchol y digwyddiad hinsawdd/ tywydd ei hun sy'n cyfri, ond hefyd y peryglon (eilaidd) eraill a achoswyd gan y digwyddiad — e.e. tirlithriadau sy'n cael eu hachosi gan law trwm iawn.

amodau hyn yn cael eu creu mewn diwasgeddau dwfn iawn sy'n symud yn gyflym, sy'n debygol o ddigwydd yn yr hydref a'r gwanwyn ar hyd y ffrynt pegynol. Maen nhw'n achosi peryglon eilaidd fel llifogydd, môr yn ymledu dros y tir (yn enwedig os yw'r diwasgedd dwfn yn digwydd ar yr un pryd â llanw uchel iawn), tirlithriadau a difrod gan y gwynt.

Celloedd bach o wasgedd atmosfferig isel iawn yw **tornados** ac maen nhw'n cael eu creu wrth i aer cynnes, llaith ddod i gysylltiad ag aer oer o'r mewndiroedd cyfandirol. Mae tornado yn gysylltiedig â gwyntoedd cyflym iawn ac maen nhw'n achosi difrod i'r adeiladau sy'n sefyll ar hyd llwybr cul y storm.

System gwasgedd uchel a pheryglon cysylltiedig sychder mewn hinsoddau trofannol, neu sychder, rhew a niwl mewn hinsoddau tymherus

Glawiad isel, cyfraddau anweddiad uchel a **sychder** yw'r peryglon sy'n gysylltiedig â systemau gwasgedd uchel mewn hinsoddau **trofannol**. Mae'r rhain yn arwain at beryglon eilaidd fel **lefelau trwythiad is**, **colli llystyfiant**, **tanau gwyllt**, **erydiad pridd** a **diffeithdiro** cysylltiedig. Mae'r peryglon hyn yn gysylltiedig ag amodau antiseiclonig, sy'n deillio o bresenoldeb cyson gwasgedd uchel istrofannol dros ardaloedd cyfandirol. Mae hyn yn cyfyngu'r *ITCZ* i ledredau is (yn agosach at y Cyhydedd) nag arfer ar gyfer adeg y flwyddyn. Mae **cynhesu byd-eang** yn ffactor perthnasol arall, sy'n gwaethygu wrth i bobl gamddefnyddio'r amgylchedd.

Sychder yn yr haf a **rhew** a **niwl** yn y gaeaf yw'r peryglon sy'n gysylltiedig â systemau gwasgedd uchel mewn hinsoddau **tymherus**. Mae'r rhain yn gallu achosi peryglon eilaidd yn yr haf: **lefelau trwythiad is** a **cholli llystyfiant**; ac yn y gaeaf: **gwrthdroad tymheredd** gyda llygredd aer yn gwneud amodau niwl yn waeth. Mae'r amodau hyn yn gysylltiedig ag antiseiclon sefydlog parhaus, sy'n gysylltiedig yn yr haf fel arfer â'r gwasgedd uchel istrofannol yn cyrraedd lledredau uwch. Yn y gaeaf mae'r amodau yn gysylltiedig fel arfer â'r gwasgedd uchel cyfandirol yn cyrraedd ymyl arfordirol yr eangdiroedd.

1.5 Beth yw'r cydberthnasau rhwng gweithgarwch dynol a'r hinsawdd?

Effeithiau tymor byr a thymor hir peryglon hinsoddol gwasgedd isel ar weithgarwch dynol

Mae peryglon hinsoddol gwasgedd isel yn cael effaith tymor byr a thymor hir ar weithgarwch dynol. Wrth astudio'r peryglon hyn, dylech gyfeirio at o leiaf un digwyddiad gwasgedd isel penodol NAILL AI mewn hinsawdd drofannol NEU mewn hinsawdd dymherus (gweler Tabl 1 am enghraifft).

Tabl 1 Effaith Seiclon Nargis (Mai 2008) ar Myanmar (Burma)

Effeithiau economaidd	Effeithiau cymdeithasol	Effeithiau amgylcheddol
• Dinistriwyd y cnydau reis • Amcangyfrifwyd bod difrod gwerth dros $10 biliwn UDA wedi'i wneud • Difrodwyd pysgodfeydd	• 130,000 o farwolaethau • 75% o ganolfannau iechyd wedi'u difrodi • 800,000 o gartrefi wedi'u dinistrio • 260,000 o bobl wedi'u symud i wersylloedd ffoaduriaid • Prinder bwyd • Dŵr yfed wedi'i halogi ac yn achosi twymyn a dolur rhydd	Mae'r amgylchedd ac adnoddau naturiol yn hollbwysig i fywoliaeth pobl Myanmar: • Difrod i 35,000 hectar o goed mangrof naturiol a choed mangrof wedi'u plannu a choed eraill • Dŵr wyneb a dŵr daear yn cael eu llygru • Tiroedd amaethyddol yn cael eu halltu a'u herydu – llifogydd dros 63% o'r caeau padi oherwydd ymchwydd storm • Gwaddodiad afonydd

Effeithiau tymor byr a thymor hir peryglon hinsoddol gwasgedd uchel ar weithgarwch dynol

Mae'r peryglon sy'n gysylltiedig â gwasgedd uchel yn cael effaith tymor byr a thymor hir. Wrth astudio'r peryglon hyn, dylech gyfeirio at o leiaf un digwyddiad gwasgedd uchel penodol NAILL AI mewn hinsawdd drofannol NEU mewn hinsawdd dymherus. Er enghraifft, gallech astudio effaith sychder yn Awstralia (i gael rhagor o wybodaeth ewch i: **www.bom.gov.au/ climate/drought/livedrought.shtml**).

Effeithiau gweithgarwch dynol ar hinsawdd yn y tymor byr a'r tymor hir

Dylech adolygu eich dealltwriaeth o sut mae gweithgarwch dynol yn effeithio ar newid hinsawdd, sef y gwaith a astudiwyd yn Uned G1, y cwrs UG.

1.6 Beth yw'r strategaethau a ddefnyddir i leihau effaith peryglon hinsoddol?

Mae'r strategaethau i leihau effaith peryglon sy'n gysylltiedig â systemau gwasgedd isel a gwasgedd uchel yn cynnwys **monitro**, **rhagweld** a **rhybuddio** am beryglon yn y dyfodol, **ymateb di-oed** er mwyn lleihau'r effaith ar ôl i'r perygl ddigwydd, a **chynllunio tymor hir**.

Strategaethau i leihau effaith peryglon hinsoddol gwasgedd isel

Yn achos Corwynt Katrina, a darodd arfordir Gwlff UDA yn 2005, er bod rhybuddion am y corwynt wedi'u rhoi a'r gwasanaethau brys yn barod, nid oedd y strategaethau yn llwyddiannus oherwydd bod y llifgloddiau wedi methu amddiffyn dinas New Orleans ac oherwydd ymateb araf Asiantaeth Rheoli Argyfyngau Ffederal (*FEMA: Federal Emergency Management Agency*) UDA. Mae gwledydd LlEDd yn llai parod am argyfwng fel arfer ac maen nhw'n dibynnu ar gymorth gan wledydd MEDd yn aml. Mae strategaethau eraill a ddefnyddir yn y gwledydd mwy tlawd yn cynnwys adeiladu llochesau rhag corwyntoedd, cryfhau a chodi argloddiau, plannu coed mangrof i amsugno ymchwyddiadau'r storm ac addysgu pobl am y perygl.

Cyngor yr arholwr

Wrth asesu effaith peryglon hinsoddol gwasgedd isel, gall eich asesiad benderfynu a yw'r effaith tymor byr yn fwy na'r effaith tymor hir, neu ai effaith economaidd, cymdeithasol neu amgylcheddol sydd bwysicaf.

Cyngor yr arholwr

Dylech geisio rhoi enghreifftiau diweddar o effaith peryglon sy'n gysylltiedig â digwyddiadau hinsoddol er mwyn gwneud eich ateb mor gyfoes â phosibl.

Strategaethau i leihau effaith peryglon hinsoddol gwasgedd uchel

Yn achos sychder yn ne-ddwyrain Awstralia, mae atebion cynaliadwy yn cynnwys arbed dŵr, ailddefnyddio dŵr a thrin dŵr.

Strategaethau i leihau effaith gweithgarwch dynol ar yr hinsawdd

Dylech adolygu eich dealltwriaeth o strategaethau i leihau effaith gweithgarwch dynol ar yr hinsawdd, a astudiwyd yn Uned G1, y cwrs UG.

Thema 4 Datblygiad

1.1 Beth yw datblygiad a beth yw'r bwlch datblygiad?

Diffiniadau newidiol o ddatblygiad

Mae'n anodd iawn diffinio'r gair 'datblygiad', yn rhannol oherwydd bod y diffiniad yn ddynamig. Mae'n amlwg bod lefel datblygiad gwahanol wledydd ar hyd a lled y byd yn amrywio, ond mae'r gair 'datblygiad' yn golygu pethau gwahanol i grwpiau gwahanol o bobl. Diffiniad gweithredol yw *'cynnydd mewn safonau byw ac ansawdd bywyd ar gyfer cyfran gynyddol o'r boblogaeth'*.

Yn y gorffennol, roedd 'datblygiad' yn canolbwyntio ar dwf economaidd a chynnydd mewn cynnyrch. Erbyn hyn, mae 'datblygiad' yn llawer mwy eang ac yn cynnwys gwelliant cymdeithasol a diwylliannol yn ogystal â newidiadau technolegol a thwf economaidd – ac yn fwy diweddar, **datblygiad cynaliadwy**.

Mae datblygiad confensiynol yn rhannu

Datblygiad cynaliadwy Datblygiad sy'n cwrdd ag anghenion heddiw heb amharu ar allu cenedlaethau'r dyfodol i gwrdd â'u hanghenion eu hunain.

Hyd at ddiwedd yr 1980au, byddai gwledydd yn cael eu dosbarthu naill ai i'r Byd 'Cyntaf', yr 'Ail' Fyd neu'r 'Trydydd' Byd. Roedd y **Byd Cyntaf** yn cyfeirio at wledydd a wnaeth ddatblygu ar sail cyfalafiaeth, a gwledydd yr **Ail Fyd** yn datblygu ar sail economi orchmynnol (*command economy*). Roedd y termau hyn yn seiliedig ar y syniad bod pob 'byd' yn cynrychioli llwybr i ddatblygiad, ac y gallai cenhedloedd y **Trydydd Byd** ddewis rhwng y dull cyntaf (cyfalafiaeth), yr ail ddull (comiwnyddiaeth), neu ddyfeisio trydydd dull.

Fel arfer mae'r term '**datblygedig**' yn cael ei ddefnyddio i ddisgrifio gwlad neu ranbarth sydd â safon byw uchel ac economi flaengar sy'n seiliedig ar ddefnyddio adnoddau yn effeithiol. Mae gwledydd fel hyn yn cael eu disgrifio'n aml fel 'Gwledydd Mwy Economaidd Ddatblygedig' (**MEDd**), ac mae'r term hwn yn cydnabod y ffaith y gallai gwledydd nad ydynt yn 'ddatblygedig' yn ôl y diffiniad hwn fod yn ddatblygedig mewn ffyrdd nad ydynt yn ymwneud â'r economi, fel ffactorau diwylliannol, crefyddol neu gymdeithasol. Defnyddir y term '**gwlad sy'n datblygu**' fel arfer i ddisgrifio gwlad neu ranbarth cymharol dlawd sydd â safon byw isel sy'n dechrau datblygu yn economaidd ac yn gymdeithasol i ryw raddau. Yn wahanol i wledydd MEDd, mae gwledydd â lefelau isel o ddatblygiad economaidd yn cael eu disgrifio fel 'Gwledydd Llai Economaidd Ddatblygedig' (**LIEDd**).

Yn ôl **Adroddiad Brandt**, a gyhoeddwyd yn 1980, mae'r bwlch rhwng datblygiad cymdeithasol ac economaidd gwledydd 'datblygedig' y byd, **Y Gogledd**, a'r gwledydd 'llai datblygedig', **Y De**, yn tyfu. Fodd bynnag, mae'r dosbarthiad 'Gogledd/De' yn rhy syml ac mae'n newid ystyr traddodiadol 'gogledd' a 'de' i ddaearyddwyr'.

Y bwlch datblygiad

Mae'n glir bod grwpiau o wledydd yn rhannu nodweddion cyffredin. Mae bwlch mawr iawn rhwng rhai o'r grwpiau hyn, gan arwain at syniadau o **fwlch datblygiad**.

Y continwwm datblygiad

Er bod cyferbyniadau mawr yn bodoli rhwng rhai gwledydd, mae rhai sy'n datblygu ar lefel ganolradd, gan arwain rhai pobl i gredu bod yna **gontinwwm datblygiad** yn hytrach na bwlch. Mae'r syniad o gontinwwm yn tueddu i guddio ehangder yr eithafion, ac mae'n well gan rai pobl ddefnyddio'r term 'bwlch' o hyd.

1.2 Sut gellir mesur datblygiad a pha mor ddefnyddiol yw'r mesuriadau hyn?

Dangosyddion syml a chyfansawdd a ddefnyddir i fesur datblygiad

Gellir defnyddio llawer o ddangosyddion i fesur lefel 'datblygiad' gwlad neu ranbarth.

- Mae dangosyddion **syml** yn mesur un elfen yn unig o ddatblygiad, sy'n cynnwys **CMC** (Cynnyrch Mewnwladol Crynswth), **CGC** (Cynnyrch Gwladol Crynswth (**IGC** – Incwm Gwladol Crynswth erbyn hyn), **llythrennedd oedolion**, **disgwyliad oes**, **cyflenwad calorïau dyddiol**, **marwolaethau babanod**, **ceir i bob 1000 o bobl**, **canran y swyddi ym maes amaethyddiaeth**, **gweithgynhyrchu a gwasanaethau** a hyd yn oed y **mynegrif Big Mac**.
- Mae dangosyddion **cyfansawdd** yn fwy cynhwysfawr gan eu bod yn mesur mwy nag un agwedd ar ddatblygiad. Er enghraifft, mae'r **Mynegrif Datblygiad Dynol (MDD)** yn dyfarnu sgôr rhwng 0 ac 1 ar gyfer pob gwlad, gan ddefnyddio tri newidyn ar sail incwm wedi'i gymhwyso, addysg a disgwyliad oes. Ar y sail hon, Norwy yw'r genedl fwyaf datblygedig, gyda MDD o 0.938, a Zimbabwe yw'r genedl leiaf datblygedig gyda MDD o 0.140 (ystadegau 2010).

Dangosyddion ansoddol

Wrth drafod datblygiad, ystyr **dangosyddion ansoddol** yw elfennau o ddatblygiad sydd efallai yn anodd i'w mesur. Mae dangosyddion ansoddol wedi'u datblygu oherwydd y pwyslais diweddar ar fesur datblygiad yn nhermau materion, fel **rhyddid**, **diogelwch** a **chynaliadwyedd**, yn hytrach nag yn nhermau **ystadegau**. Gall dangosyddion ansoddol fod yn fwy cymhleth ond maen nhw'n adlewyrchu'r farn gyfredol ar ddatblygiad yn well.

Mae angen defnyddio dangosyddion **meintiol** ac **ansoddol** wrth asesu lefel datblygiad gwlad benodol. Mae cyfuniad o'r ddau ddull yn gallu datgelu gwybodaeth bwysig ac annisgwyl am ddatblygiad mewn ffordd na fyddai'n dod i'r amlwg trwy ddefnyddio un dull yn unig.

Cyfyngiadau dangosyddion

Gall rhai dangosyddion fod yn gamarweiniol gan eu bod yn seiliedig ar niferoedd cyfartalog. Felly nid ydynt yn dangos i ba raddau mae manteision datblygiad yn cael eu rhannu gan y boblogaeth gyfan. Gwendid arall y rhan fwyaf o'r dulliau o fesur datblygiad yw'r ffaith nad ydynt yn dangos y sgil effeithiau niweidiol sy'n gallu digwydd. Er enghraifft, mae cynnydd yn nifer y bobl sy'n berchen ar gar yn dangos cynnydd cyffredinol mewn safonau byw, ond bydd hyn yn arwain at ragor o lygredd sŵn ac aer i rai pobl, ac efallai byddant o'r farn bod eu safonau byw wedi disgyn. Fel sy'n wir am ystadegau o bob math, mae dangosyddion datblygiad yn anghyflawn neu'n anghywir weithiau. Yn ogystal, nid yw'r data ar gyfer rhai gwledydd yn ddibynadwy.

1.3 Pa ffactorau sydd wedi arwain at wahaniaethau cyfoes mewn datblygiad?

Ffactorau ffisegol, economaidd, cymdeithasol, gwleidyddol a diwylliannol sy'n effeithio ar gyfradd a natur datblygiad

Mae damcaniaeth dibyniaeth **Frank** yn awgrymu bod gwledydd datblygedig yn rheoli ac yn cymryd mantais ar wledydd llai datblygedig. Mae hyn yn creu perthynas o oruchafiaeth a dibyniaeth, sydd o bosibl yn arwain at dlodi a diffyg datblygiad mewn gwledydd LlEDd. Mae **Rostow** yn dadlau bod gan bob gwlad y potensial i dorri'r cylch tlodi a datblygu trwy 5 cam o dwf economaidd.

Yn aml, mae lefelau datblygiad yn debyg o fewn rhanbarthau'r byd. Mae'r rhan fwyaf o wledydd Ewrop yn wledydd datblygedig; mae gan y rhan fwyaf o wledydd Affrica lefelau datblygiad isel ac mae sawl rhan o Asia yn datblygu'n gyflym. Ond mae amrywiadau'n bodoli o fewn rhanbarthau'r byd oherwydd yr adnoddau sydd ar gael, polisi'r llywodraeth ac amrywiaeth eang o ffactorau eraill.

O ganlyniad i adnoddau **ffisegol** ym Môr De China, mae Malaysia wedi ennill arian treth o olew sydd wedi darparu cyfalaf i'w galluogi i ddatblygu fel **gwlad newydd ei diwydianeiddio (NIC: newly industrialised country)** ail-genhedlaeth lwyddiannus.

Cyfrannodd ffactorau **gwleidyddol** hefyd, gan gynnwys cynllunio gofalus gan y wladwriaeth, wrth i'r llywodraeth o dan arweiniad Dr Mahatir Mohamad reoli'r economi a **buddsoddiad tramor uniongyrchol (FDI: foreign direct investment)**.

Mae'n bosibl byddwch wedi gweld yr acronym Cymraeg GND, sef gwlad newydd ei diwydianeiddio, yn cael ei ddefnyddio am *NIC* mewn cyhoeddiadau eraill ac mewn papurau arholiad.

Beth yw buddsoddiad tramor uniongyrchol (*FDI*)?

Roedd ffactorau **economaidd** yn bwysig hefyd, gan gynnwys nid yn unig y trethi o olew, ond costau llafur isel (11% o gostau llafur UDA) a deddfau a oedd yn ffafrio buddsoddwyr. Cyfrannodd nifer o ffactorau economaidd eraill hefyd, gan gynnwys twf diwydiannau allforion mewn cylchfaoedd blaenoriaeth economaidd (*EPZs: economic priority zones*), cylchfaoedd buddsoddiad rhydd (*FIZs: free investment zones*), a chylchfaoedd masnachu rhydd (*FTZs: free trade zones*).

Roedd ffactorau **cymdeithasol**, fel buddsoddiad y wladwriaeth mewn addysg uwch, a ffactorau **diwylliannol**, gan gynnwys y polisi 'Edrych tua'r Dwyrain' a Golwg 2020 (mae Malaysia yn gobeithio ennill statws byd datblygedig erbyn 2020) hefyd yn helpu i egluro datblygiad cyflym y wlad.

Globaleiddio gweithgaredd economaidd a chychwyniad *NICs/RICs* a gwledydd cyfoethog mewn olew

Mae'r cyfle i ddatblygu a chyfraddau datblygiad wedi'u dylanwadu'n gryf yn sgil **globaleiddio** economi'r byd. Canlyniad pwysicaf y broses hon yw **allanoli (*outsourcing*)** gwaith cynhyrchu a gwasanaethau o'r gwledydd datblygedig i rannau eraill o'r byd. Ystyr allanoli yw rhoi gwaith y tu allan i gwmni. O ganlyniad, mae gweithgynhyrchu cysylltiedig wedi datblygu yn y wlad gartref mewn ardaloedd o gwmpas canolbwynt y gweithgaredd sydd wedi'i allanoli. Mae gweithgaredd trydyddol wedi symud allan hefyd. Swyddi lefel isel mewn canolfannau galw yw llawer o'r swyddi hyn, ond mae gweithgareddau yn y pen uchaf, fel cynllunio meddalwedd, wedi symud hefyd.

Mae rhagor o integreiddio economaidd, fel sydd wedi digwydd rhwng México ac UDA, wedi ysgogi datblygiad. Mae cronfeydd enfawr o arian, wedi'u cynhyrchu gan economïau newydd eu diwydianeiddio, wedi darparu cyfalaf i ysgogi gweithgareddau economaidd newydd. Wrth i economi'r byd dyfu, mae angen mwy o ddeunyddiau crai ac mae mwy o ffynonellau egni'n cael eu defnyddio, gan gynyddu prisiau ac ychwanegu incwm at economïau nad oedd yn tyfu llawer cyn hynny. Fodd bynnag, nid yw'r sefyllfa yr un fath yn union yn yr holl fyd sy'n datblygu. Mae gwahaniaethau o fewn y gwledydd a rhwng y gwledydd.

Dau grŵp o wledydd pwysig yw **gwledydd cyfoethog mewn olew** a **gwledydd newydd eu diwydianeiddio (*NICs*)**.

Cynyddodd prisiau olew yn fawr iawn yn yr 1970au wrth i'r gwledydd Arabaidd atal eu cyflenwad. Roedd hyn yn golygu bod unrhyw wlad oedd yn datblygu ac yn cynhyrchu olew yn berchen ar ffynhonnell o gyfoeth sylweddol. Roedd y gwledydd eraill o dan anfantais fawr gan eu bod heb olew ac yn gorfod talu'n ddrud amdano. O ganlyniad i hyn, roedd y gwledydd gydag olew nawr yn gallu buddsoddi arian i geisio lleihau tlodi a hybu addysg ac iechyd. Buddsoddodd llawer o wledydd mewn diwydiannau puro olew hefyd, gan ychwanegu gwerth mawr at eu hallforion. Cafodd yr elw ychwanegol ei fuddsoddi mewn mentrau tramor neu ei fenthyg i wledydd eraill. O ganlyniad, daeth llawer o'r gwledydd hyn, fel Saudi Arabia, yn gyfoethog iawn.

Mewn *NICs*, mae cynnyrch gweithgynhyrchu wedi tyfu'n sylweddol yn ddiweddar ac, o ganlyniad, mae eu hallforion wedi cynyddu hefyd. Mae'r gwledydd hyn yn cynnwys De Korea, Singapore a Taiwan, yn ogystal â thiriogaeth Hong Kong. Mae llawer wedi dilyn system debyg. Yn gyntaf, mae'r wlad yn buddsoddi mewn diwydiannau sy'n gallu cynhyrchu nwyddau y byddai'r wlad yn eu mewnforio fel arfer ac yn cefnogi'r diwydiannau newydd hyn trwy godi trethi ar nwyddau sy'n cael eu mewnforio er mwyn eu gwneud yn anghystadleuol. Wedyn, ar ôl i'r diwydiannau hyn sefydlu eu hunain, mae'r gwledydd yn ceisio copïo llawer o'r nwyddau ym marchnad allforion y byd. Maen nhw'n canolbwyntio ar ddiwydiannau uwch-dechnoleg, gan gopïo nwyddau sydd eisoes yn bodoli yn y lle cyntaf, cyn mynd ymlaen i'w gwella. Mae economi gwlad o'r fath yn tyfu 6-8% y flwyddyn fel arfer.

Globaleiddio Y term cyffredinol ar gyfer y broses integreiddio ym meysydd masnach, cysylltiadau economaidd a chyllid.

Gwirio gwybodaeth 13

Beth yw ystyr y llythrennau Saesneg *OPEC*? Enwch ddau aelod o *OPEC*.

Mae De Korea, er enghraifft, wedi manteisio ar ei chysylltiadau ag UDA. Derbyniodd y wlad daliadau cymorth sylweddol gan UDA, Japan ac Ewrop, ac aeth ati i'w buddsoddi ym meysydd haearn, dur, adeiladu llongau, tecstilau a chemegion fel nad oedd angen iddi fewnforio'r rhain. Ar ôl sefydlu'r diwydiannau hyn, aeth De Korea ati i fuddsoddi mewn diwydiannau allforion. Mae Malaysia, India a China yn enghreifftiau o **wledydd sydd wedi'u diwydianeiddio yn ddiweddar (*RICs: recently industrialised countries*)**.

1.4 Sut a pham mae patrymau datblygu yn newid?

Rhaniadau datblygiad cyfoes byd-eang

Mae Banc y Byd yn dosbarthu economïau yn ôl incwm gwladol crynswth (IGC) y pen. Mae 209 o economïau wedi'u dosbarthu fel **incwm isel**, **incwm canolig-is**, **incwm canolig-uwch** neu **incwm uchel**. Mae'r dosbarthiad yn cael ei ddiweddaru bob blwyddyn er mwyn ymateb i newidiadau. Mae 26 o'r 35 gwlad incwm isel wedi'u lleoli yn Affrica Is-Sahara.

Materion datblygiad mewn byd sy'n newid i gynnwys datblygiad cynaliadwy a statws merched

Mae'r cysyniad o **ddatblygiad cynaliadwy** yn deillio o'r Uwchgynhadledd Amgylcheddol Fyd-eang gyntaf, a gynhaliwyd yn Stockholm yn 1972. Cafodd y cysyniad ei ddatblygu yn Adroddiad Bruntland (1987), a'i ddiffinio fel *'datblygiad sy'n cwrdd ag anghenion heddiw heb amharu ar allu cenedlaethau'r dyfodol i gwrdd â'u hanghenion eu hunain'.* Er ei fod yn bosibl mesur elfennau o ddatblygiad cynaliadwy, mae'n anodd mesur yr holl agweddau ar ddatblygiad cynaliadwy, ac nid ydym yn gwybod beth fydd anghenion penodol cenedlaethau'r dyfodol. Fodd bynnag, er mwyn cael ei hystyried yn wlad 'ddatblygedig', mae'n rhaid i bob gwlad fod yn ymwybodol o amgylchedd a chynaliadwyedd yn y tymor hir. Yn y cyswllt hwn, ni ellir ystyried UDA yn wlad ddatblygedig mewn termau cynaliadwy gan ei bod yn gyfrifol am 25% o allyriadau carbon y byd.

Mae anghydraddoldeb rhywiol yn aml yn rhwystro datblygiad. Os mai dim ond hanner y boblogaeth sy'n cael manteisio ar ddatblygiad, mae unrhyw fudd yn llai i'r gymdeithas gyfan, gan leihau'r effaith gyffredinol. Pan ofynnwyd i Bill Gates a oedd yn bosibl i Saudi Arabia gyrraedd 10 gwlad uchaf y byd ym maes technoleg erbyn 2010, atebodd y byddai hynny'n annhebygol iawn gan nad yw'r wlad yn defnyddio hanner ei thalent yn llawn.

Gwahaniaethau rhwng gwahanol grwpiau o wledydd oherwydd newid economaidd

Mae newid economaidd wedi effeithio ar batrymau datblygu'r byd, gan arwain at newid sylweddol i fodel y 'tri byd' a 'rhaniad Gogledd/De' Brandt. Mae rhai gwledydd wedi dirywio neu wedi aros yn yr un lle – fel Tajikistan yng nghanolbarth Asia, a oedd yn aelod o'r hen Undeb Sofietaidd. Mae gwledydd eraill wedi datblygu y tu hwnt i bob disgwyl, fel Malaysia. O ganlyniad, mae gwahaniaethau mawr wedi datblygu yn y **Trydydd Byd** neu'r **De**.

1.5 Beth sy'n rhwystro'r bwlch datblygiad rhag cau?

Baich dyled y Trydydd Byd

Y rhwystr mwyaf i ddatblygiad gwlad unigol yw **bod mewn dyled**. Roedd gwledydd â lefel isel o ddatblygiad yn y gorffennol yn gallu benthyg arian trwy Fanc y Byd a'r Gronfa Ariannol Ryngwladol (*IMF: International Monetary Fund*). Roedd rhaid i'r gwledydd hyn ddefnyddio unrhyw arian a gynhyrchwyd i dalu llog ar y benthyciad cyn ad-dalu'r ddyled, ac roedd ail-fuddsoddi yn yr economi yn amhosibl. Cafodd y gwledydd hyn eu dal mewn trap tlodi. Defnyddiwyd y term **'Gwledydd Tlawd mewn Dyled Fawr'** (*HIPCs: Heavily Indebted Poor Countries*) i'w disgrifio. Mae trefniadau arbennig i leddfu'r dyledion hyn wedi'u datblygu gan wledydd cyfoethog, fel y Fenter Lleddfu Dyled Amlochrog (*MDRI: Multilateral Debt Relief Initiative*), ond mae llawer yn credu bod angen gwneud mwy i sicrhau bod datblygiad go iawn yn gallu digwydd.

Blociau masnach

Yn aml, mae gwledydd yn dod ynghyd i greu blociau masnach (e.e. yr **Undeb Ewropeaidd**), sy'n dod â buddion mawr i bob aelod o'r bloc. Fodd bynnag, gall gwledydd y tu allan i'r bloc wynebu cwotâu neu dollau sy'n ei gwneud bron yn amhosibl iddynt werthu eu cynnyrch. Oherwydd y rheoliadau, gall cynhyrchwyr sy'n aelodau o'r blociau gynhyrchu llawer gormod o gynnyrch, yn enwedig cynhyrchwyr cnydau bwyd. Mae'r cynnyrch dros ben yn cael ei werthu wedyn yn rhatach na'r pris cost ar farchnadoedd y byd (dympio). Mae gwledydd sydd y tu allan i'r blociau yn ceisio gwerthu'r un cynnyrch, ond yn methu cystadlu â phrisiau'r cynnyrch sy'n cael ei ddympio na gwneud unrhyw elw. Mae hyn yn tanseilio unig obaith y gwledydd hyn o sicrhau datblygiad economaidd.

Cyfyngiadau cymdeithasol a rhwystrau diwylliannol

Mae anghydraddoldeb rhywiol yn rhwystro datblygiad, ond, mae'r **gyfundrefn gast** yn India hefyd yn rhwystr diwylliannol mawr arall. Mae gan Hindŵaeth wreiddiau dwfn yn niwylliant India, yn enwedig y gyfundrefn gast sy'n gwahaniaethu yn erbyn y cast isaf, yr **Anghyffyrddedigion** neu'r *Dalits*. Mae llywodraeth India wedi ceisio lleihau gwahaniaethu trwy sicrhau bod canran o swyddi yn y sector cyhoeddus yn cael eu cadw ar gyfer rhai is-gastiau o Dalits. Mae gwaith ymchwil ym mhentrefi arfordirol Andhra Pradesh, un o daleithiau India, wedi dangos bod cast yn ffactor allweddol sy'n dylanwadu ar fynediad i wasanaethau cyhoeddus a chyfleusterau.

1.6 Pa fath o strategaethau sy'n bodoli ar gyfer lleihau'r bwlch datblygiad a pha mor effeithiol yw'r strategaethau hyn?

Gwahanol fathau o gymorth: dwyochrog, amlochrog a chymorth argyfwng

Un ffordd o geisio goresgyn lefel datblygiad isel yw derbyn cymorth. Fodd bynnag, nid ysgogi datblygiad yw bwriad pob math o gymorth. Nod **cymorth argyfwng** yw darparu cymorth yn dilyn argyfwng. Gall un wlad helpu gwlad arall yn uniongyrchol (**cymorth dwyochrog**)

Gwirio gwybodaeth 14

Enwch wlad neu wledydd sydd wedi bod yn gymwys ar gyfer Cymorth y Fenter HIPC?

Gwirio gwybodaeth 15

Enwch ddau floc masnach, ac eithrio'r UE.

Peidiwch â drysu rhwng masnach rydd a masnach deg. Ystyr masnach rydd yw pan mae gwledydd yn masnachu heb unrhyw gyfyngiadau gan dollau, cwotâu neu rwystrau eraill. Mae masnach deg yn fudiad cymdeithasol sy'n defnyddio'r farchnad i geisio gwella amodau masnachu ar gyfer cynhyrchwyr mewn gwledydd sy'n datblygu.

Gwirio gwybodaeth 16

Pa ranbarth o'r byd sydd wedi cael y budd lleiaf o'r twf mewn masnach rydd dros y ddau ddegawd diwethaf?

Corfforaeth trawswladol (*TNC*) neu gorfforaeth amlwladol (*MNC: multinational company*)

Cwmni sy'n gweithredu mewn mwy nag un wlad.

Cyngor yr arholwr

Mae'n bosibl byddwch wedi gweld yr acronym Cymraeg CTW, sef corfforaeth trawswladol, yn cael ei ddefnyddio am *TNC* mewn cyhoeddiadau eraill ac mewn papurau arholiad, a CAW, sef corfforaeth amlwladol am *MNC*.

– enghraifft gyffredin o hyn yw gwlad yn cynorthwyo un o'i chyn-drefedigaethau yn dilyn annibyniaeth. Mae'r term **cymorth amlochrog** yn cael ei ddefnyddio'n aml i ddisgrifio cymorth ehangach. Gall y cymorth hwn fod ar ffurf cymorth ariannol neu gyfarpar, rhaglenni addysg a/neu arbenigedd. Os yw'r cymorth hwn yn cael ei roi'n benodol i hybu datblygiad, mae'n cael ei ddisgrifio fel **cymorth strwythurol** yn aml.

Mae'r syniad o roi cymorth wedi'i feirniadu am sawl rheswm. Yn ôl Schumacher (1974), mae cymorth yn broses sy'n casglu arian oddi wrth bobl dlawd mewn gwledydd cyfoethog a'i roi i bobl gyfoethog mewn gwledydd tlawd. Er mwyn llwyddo, mae'n rhaid i gymorth fod yn effeithiol, yn dryloyw ac yn gynaliadwy. Mae enghreifftiau defnyddiol yn cynnwys addysg (ar gyfer merched yn benodol), projectau dŵr diogel ac iechydaeth, rhoi benthyg symiau bach o arian (llai na $200 UDA) i bobl dlawd, dileu clefydau, ac ymchwil er mwyn datblygu mathau o gnydau newydd sy'n gallu gwrthsefyll firysau a sychder.

Masnach rydd a masnach deg

Un pwynt sydd wedi codi'n barod yw'r ffaith fod blociau economaidd yn gallu rhwystro masnach ac atal gwledydd rhag datblygu a chreu incwm. Trwy ddileu rhwystrau a hybu masnach, mae lle i ddatblygu. Mae **Cyfundrefn Masnach y Byd (*WTO: World Trade Organization*)** yn gweithio i gynyddu **masnach rydd**, ond mae llywodraethau'r gwledydd sydd ag economïau datblygedig yn aml yn anfodlon ildio eu sefyllfa fanteisiol. Felly nid yw dileu rhwystrau yn broses syml o bell ffordd. Mae ymgyrchoedd ar waith i hybu **masnach deg**, sy'n talu pris rhesymol i gynhyrchwyr hyd yn oed os yw'n bosibl gostwng y pris. Mae masnach o'r fath yn hyrwyddo amodau gwaith diogel nad ydynt yn cymryd mantais ar y gweithwyr, ac sy'n osgoi defnyddio llafur plant.

Buddsoddiad tramor uniongyrchol a rôl y corfforaethau trawswladol

Mae'r broses o gyflwyno diwydiant gweithgynhyrchu neu fanteisio ar adnoddau gwerthfawr wedi arwain at ddatblygiadau sylweddol. Mewn gwledydd lle mae datblygiad yn brin, mae'r llywodraeth yn gweithio'n galed yn aml i annog cwmnïau tramor i sefydlu gweithfeydd cydosod neu weithgynhyrchu, neu i fwyngloddio adnoddau. Gall llywodraethau drefnu hyn eu hunain, ond mae'n fwy effeithiol pan fydd **corfforaeth trawswladol (*TNC: transnational corporation*)** yn cael ei denu i sefydlu safle diwydiannol neu waith mwyngloddio mawr. Mae cwmnïau eraill sy'n darparu deunyddiau crai, gwasanaethau, cludiant a dulliau cyfathrebu yn cael eu denu hefyd, sy'n gallu hyrwyddo datblygiad cyflym yn aml.

Mae effaith mwyngloddio *TNC* yn Botswana wedi bod yn gadarnhaol iawn, ac mae CGC y pen yn Botswana wedi cynyddu o $800 UDA yn 1975 i $16,500 UDA yn 2007. Mae'r cynnydd hwn oherwydd mwyngloddio diemwnt yn bennaf.

Fodd bynnag, gall y broses hon gael effaith negyddol os yw *TNC* yn gadael cyn bod cwmnïau pellach wedi cael eu sefydlu. Mae'n gallu arwain at lygredd yn aml, ac mae agweddau a gwerthoedd traddodiadol yn dod o dan bwysau mawr.

Aildrefnu dyled, dileu dyled a chyfnewid dyled am gadwraeth

Gan fod dyled wedi bod yn gymaint o rwystr i ddatblygiad, mae dulliau o ddileu dyled wedi dod yn bwysig. Mae **aildrefnu** yn gallu helpu gwlad i ad-dalu ei dyledion, ond mae llawer o bobl yn awyddus i weld **dyledion yn cael eu dileu**. Mae'r Fenter *HIPC* yn credu bod 41 gwlad yn gymwys i dderbyn cymorth dyled ar hyn o bryd, y rhan fwyaf ohonynt yn Affrica Is-Sahara. Dull sy'n ceisio ateb dau bwrpas yw'r trefniant **dyled am gadwraeth**. O dan y trefniant hwn, mae dyled, neu ran ohoni, yn cael ei dileu, ac mae'r arian a fyddai wedi'i dalu fel llog ar y ddyled yn cael ei ddefnyddio i dalu am fesurau cadwraeth. Achubwyd amrywiaeth fiolegol enfawr o goedwigoedd glaw Periw a oedd dan fygythiad datgoedwigo diolch i'r trefniant dyled am gadwraeth pwysig a hwyluswyd gan Gyngor Natur UDA ym mis Mehefin 2002.

Mae'r CU wedi gosod targedau datblygu yn wyth **Cyrchnod Datblygu'r Mileniwm** 2015. Trwy osod y cyrchnodau hyn mae'r CU wedi helpu i dynnu sylw at y problemau, ond nid oes llawer ohonynt wedi'u datrys hyd yn hyn.

Mae Viet Nam yn enghraifft o wlad lle mae'r bwlch datblygiad yn lleihau. Ers yr 1980au, mae buddsoddiad tramor uniongyrchol, gwelliannau mewn masnach – daeth Viet Nam yn aelod o Gymdeithas Cenhedloedd De-ddwyrain Asia (*ASEAN: Association of Southeast Asian Nations*) yn 1995 a'r *WTO* yn 2006 – ynghyd â chymorth (e.e. £50 miliwn y flwyddyn gan Adran dros Ddatblygu Rhyngwladol y DU) wedi gwella dangosyddion datblygiad dynol a chyfraddau twf economaidd. Mae lefelau tlodi wedi syrthio o 58% yn 1992 i 12% yn 2010, mae disgwyliad oes wedi gwella, mae llythrennedd oedolion yn codi ac mae cyfraddau ymrestru mewn ysgolion cynradd wedi cyrraedd 97.5%. Dros yr 20 mlynedd diwethaf, mae cyfradd twf economaidd Viet Nam wedi cyrraedd 7.5% ar gyfartaledd. Fodd bynnag, mae'r wlad yn parhau i wynebu sawl her fel anghydraddoldeb, llygredd, biwrocratiaeth a dirywiad amgylcheddol.

Crynodeb

Ar ôl astudio'r testun hwn, dylech chi allu:

- diffinio'r termau 'datblygiad', 'bwlch datblygiad' a 'continwwm datblygiad' a deall sut mae'r diffiniad o 'ddatblygiad' wedi newid
- gwybod a deall amrywiaeth o ddangosyddion syml, cyfansawdd ac ansoddol sy'n cael eu defnyddio i fesur datblygiad, ac asesu pa mor effeithiol ydyn nhw
- gwybod a deall y ffactorau, gan gynnwys globaleiddio gweithgareddau economaidd, sydd wedi arwain at wahaniaethau cyfoes mewn datblygiad
- disgrifio sut ac egluro pam mae patrymau datblygiad yn newid
- disgrifio ac egluro sut mae Dyled y Trydydd Byd, blociau masnach a rhwystrau cymdeithasol a diwylliannol yn atal y broses o gau'r bwlch datblygiad
- disgrifio, egluro ac asesu'r strategaethau sy'n bodoli ar gyfer lleihau'r bwlch datblygiad, ac asesu pa mor effeithiol ydyn nhw

Thema 5 Globaleiddio

1.1 Beth yw globaleiddio a symudiad byd-eang?

Cysyniadau globaleiddio diwylliannol, economaidd, amgylcheddol a gwleidyddol

'Globalisation is the generic term for the process of integration in the realms of trade, economic relations and finance (it is broader, including social relations, knowledge culture and politics) and it is not new. It has been aided by the ICT revolution that has destroyed distance and indeed time. Brands are known the world over and are potentially destroying local diversity.' (Ffynhonnell: *Financial Times*)

Esblygiad globaleiddio – camau yn ei ddatblygiad

Er bod gwreiddiau globaleiddio, o bosibl, yn perthyn i gyfnod yr Ymerodraeth Rufeinig, yn yr ystyr fodern mae wedi esblygu oherwydd gwladychiaeth a'r twf ym masnach y byd a'r systemau ariannol rhyngwladol. Mae gwreiddiau modern go iawn globaleiddio yn perthyn i'r cynnydd ym mhrisiau olew **OPEC** yn 1975, pan fuddsoddwyd cyfoeth newydd y cynhyrchwyr olew ym manciau'r gwledydd **MEDd** a'i roi ar fenthyg i'r gwledydd oedd yn datblygu a'r economïau diwydiannol newydd lle'r oedd costau llafur yn rhatach.

Mae'n bosibl dosbarthu globaleiddio yn bedwar maes:

Economaidd – twf *TNCs* ar draul llywodraethau cenedlaethol.

Amgylcheddol – problemau byd-eang sy'n gofyn am atebion byd-eang.

Diwylliannol – y Gorllewin, ac America yn benodol, yn dylanwadu mwy ar agweddau fel cerddoriaeth a'r cyfryngau.

Gwleidyddol – dylanwad gwledydd democrataidd y Gorllewin yn cynyddu, grym y wladwriaeth yn ymledu i sefydliadau rhanbarthol a rhyngwladol fel yr UE a'r CU, a rôl elusennau/cymdeithasau yn cynyddu, e.e. sefydliadau anllywodraethol (*NGOs: non-governmental organisations*) fel Achub y Plant.

Symudiad byd-eang fel symudiad gweithgareddau economaidd

Mae symudiad byd-eang yn ymwneud â gweithgaredd economaidd yn symud yn ffisegol o wledydd MEDd, i **NICs** yn y lle cyntaf, ac wedyn i **RICs** a **gwledydd LlEDd**. Roedd y symudiad yn amlwg ym maes gweithgynhyrchu llafur-ddwys i ddechrau, ond erbyn hyn mae'n cynnwys gweithgynhyrchu a gwasanaethau o bob math, yn enwedig twristiaeth.

1.2 Pa ffactorau sydd wedi achosi globaleiddio economaidd cyfoes?

Mae'r ffactorau sy'n gyfrifol am y broses globaleiddio wedi'u hamlinellu isod.

Ffactorau cyllido fel buddsoddi

Mae ffactorau ariannol, fel **FDI**, yn berthnasol os yw cwmni yn gyfrifol am o leiaf 10% o'r buddsoddiad yn y wlad sy'n derbyn y buddsoddiad. Mae'r buddsoddiad hwn yn cael ei wneud er mwyn manteisio ar gostau cynhyrchu rhatach (llafur, deunyddiau crai), a chostau gweithredu ac amgylcheddol rhatach.

Rheswm arall dros benderfyniad cwmnïau i fuddsoddi dramor yw eu dymuniad i oresgyn cyfyngiadau mewnforio ar eu nwyddau, fel **cwotâu** a **thollau**. Un rheswm pam yr oedd Nissan, cwmni o Japan, wedi sefydlu ffatri yn Sunderland oedd er mwyn cyflenwi cerbydau ar gyfer y farchnad Ewropeaidd heb orfod talu tollau mewnforio i'r UE. Mae sawl gwlad LlEDd wedi hyrwyddo buddsoddiad fel ffordd o ddatblygu'r economi.

<hr>

Cyngor yr arholwr

Bydd rhai cwestiynau o bosibl yn ymwneud â 'globaleiddio gweithgaredd economaidd' yn unig; bydd eraill yn gwestiynau 'globaleiddio' cyffredinol. Bydd disgwyl i chi ehangu eich ateb i'r cwestiwn cyffredinol i gynnwys agweddau amgylcheddol, diwylliannol a gwleidyddol ar y broses globaleiddio.

Gwirio gwybodaeth 18

Enwch un o'r genhedlaeth gyntaf o *NIC*.

Technolegau cyfrifiadurol

Mae technolegau cyfrifiadurol, fel band eang cyflym, y We Fyd-eang, fideo-gynadledda ac e-bost, wedi cyflymu llif gwybodaeth a dulliau cyfathrebu ac mae'n bosibl gwneud busnes yn fwy effeithlon ac yn llawer cyflymach.

Technolegau cludiant

Mae'r ffaith fod technolegau cludiant yn rhatach ac yn gyflymach erbyn hyn yn golygu bod nwyddau a phobl yn gallu teithio ymhellach, yn rhatach ac yn gyflymach nag erioed o'r blaen, a hynny yn fwy cyfforddus a/neu gyfleus. Mae hyn wedi lleihau rhwystrau pellter ac yn galluogi cwmnïau i leoli'n fwy economaidd a mynd â'u cynnyrch i farchnad y byd trwy ddefnyddio dulliau cludiant sy'n rhad ac effeithlon iawn. Mae'r diwydiant twristiaeth yn arbennig wedi manteisio ar y ffactorau hyn.

Rôl Cyfundrefn Masnach y Byd (WTO)

Mae'r *WTO* wedi bod yn gweithio tuag at hyrwyddo masnach rydd rhwng gwledydd a lleihau tollau a chwotâu gwrth-gystadleuol sy'n cyfyngu ar drywydd a llif nwyddau a gwasanaethau rhwng gwledydd.

Blociau masnach

Mae gan **flociau masnach**, e.e. yr Undeb Ewropeaidd, lawer o bŵer yn fyd-eang mewn materion masnachu. Mae'r ffaith bod blociau masnach yn bodoli o gwbl yn arwydd o symptomau'r broses globaleiddio.

1.3 Sut mae cwmnïau wedi eu globaleiddio a newid lleoliadau?

Cwmnïau byd-eang – TNCs/MNCs

Mae'r CU yn diffinio *TNC* fel corfforaeth sy'n berchen ar ac yn rheoli prosesau cynhyrchu neu wasanaethau mewn gwledydd eraill. Mae maint corfforaethau o'r fath yn cael ei fesur yn nhermau refeniw, gwerth eu cyfranddaliadau ac, weithiau, nifer eu gweithwyr cyflogedig (Tabl 2). Mae'r rhan fwyaf o gwmnïau mawr y byd yn gwmnïau Americanaidd sy'n perthyn i'r sector gweithgynhyrchu (e.e. General Electric) a'r sector gwasanaethau (e.e. siopau Walmart). Mae'n werth nodi bod y corfforaethau hyn yn dueddol o gael eu pencadlys yn y '**Gogledd**' yn ôl diffiniad Brandt.

Tabl 2 Pump *TNC* fwyaf y byd

Pump *TNC* fwyaf y byd, 2010	Trosiant yn 2010 ($ biliwn)	Gweithwyr cyflogedig yn 2009/10
Walmart Stores	408	2,100,000
Royal Dutch Shell	285	101,000
Exxon Mobil	284	83,600
BP	246	80,300
Grŵp Toyota	204	320,000

Patrymau symudiad gweithgynhyrchu byd-eang

Yn 1953, gwledydd wedi'u diwydianeiddio oedd yn gyfrifol am 95% o weithgynhyrchu'r byd. Er mai Gogledd America, gorllewin Ewrop a Japan yw'r gweithgynhyrchwyr mwyaf o hyd, mae datganoli wedi digwydd wrth i'r *TNCs* fuddsoddi mewn tair cenhedlaeth o *NICs* yn y byd datblygol. Mae *NICs* wedi creu eu cwmnïau mawr eu hunain sydd nawr yn sefydlu ffatrïoedd mewn gwledydd datblygedig fel y Deyrnas Unedig, e.e. Grŵp Tata o India, a brynodd Jaguar Land Rover yn 2008.

Ffactorau lleoliad ar gyfer symudiad byd-eang

Mae ffactorau lleoliad sy'n dylanwadu ar y symudiad byd-eang yn cynnwys i ba raddau mae gweithlu mawr, disgybledig a medrus ar gael, isadeiledd addas, sefydlogrwydd gwleidyddol, cymhellion y llywodraeth a marchnad ddomestig fawr.

Symudiadau'r sector gwasanaethau

Allanoli (*outsourcing*) a **symud dramor (*offshoring*)**, hynny yw rhoi gwaith i gwmnïau tramor, yw'r broses fyd-eang o symud gwasanaethau o wledydd MEDd i *NICs*, *RICs* a gwledydd LlEDd. Mae llawer o waith yn cael ei roi i gwmnïau o India oherwydd: cysylltiadau'r Gymanwlad â'r DU, lefelau uchel o sgiliau Saesneg, addysg TG dda, costau cyfathrebu is, a chostau cyflogau a chyfalaf is.

Effaith allanoli a symud dramor

Mae allanoli a symud dramor yn gallu bod yn fanteisiol iawn i wledydd fel India yn nhermau creu swyddi, cyflogau uwch, cynyddu incwm gwario a lleihau apartheid rhyw. Fodd bynnag, mae anfanteision hefyd, gan gynnwys Gorllewiniad a cholli hunaniaeth ddiwylliannol, oriau anghymdeithasol a rhaniadau cymdeithasol cynyddol.

Mae'n amlwg beth yw effaith allanoli a symud dramor ar wledydd MEDd: rhagor o elw i'r cwmnïau sy'n cymryd rhan. Mae hyn yn eu galluogi i gynnal swyddi **cwaternaidd** yn eu mamwlad a swyddi gweithgynhyrchu/gwasanaethau yn y gwledydd sy'n cynhyrchu. Er gwaethaf y manteision hyn, rhaid nodi bod gwledydd MEDd yn colli llawer o swyddi yn y sector gwasanaethau, yn enwedig swyddi menywod yn bennaf yn yr ardaloedd bregus sydd wedi'u dad-ddiwydianeiddio.

1.4 Pwy sydd ar eu hennill o symudiad byd-eang a globaleiddio?

Dangosyddion datblygiad byd-eang sy'n nodi *NICs* a *RICs*

Mae *NICs* yn wledydd lle mae cynhyrchedd diwydiannol wedi tyfu digon i fod yn ffynhonnell bwysig o incwm cenedlaethol. Ymysg y genhedlaeth gyntaf o *NICs* oedd Hong Kong, Taiwan, De Korea a Singapore. Mae'r rhestr o wledydd y gellir cyfeirio atynt fel *NICs* wedi tyfu dros y 40 mlynedd diwethaf.

Defnyddir y term 'gwlad sydd wedi'i diwydianeiddio yn ddiweddar', neu *RIC*, i ddisgrifio'r gwledydd sydd wedi ceisio efelychu'r genhedlaeth gyntaf o *NICs*. Mae Viet Nam, Indonesia, Chile, China ac India yn enghreifftiau o'r gwledydd hyn.

IGC y pen mewn doleri UDA yw cyfanswm y nwyddau a'r gwasanaethau a gynhyrchir gan wlad ynghyd â threthi ac incwm o dramor, wedi'u rhannu gan y boblogaeth. Mae ffigurau IGC

Dad-ddiwydianeiddio

Gostyngiad yn nifer y bobl sy'n cael eu cyflogi yn y sector eilaidd wrth i ddiwydiannau gweithgynhyrchu gau. Mae ardaloedd sydd wedi'u dad-ddiwydianeiddio yn cynnwys de Cymru, gogledd-ddwyrain Lloegr a'r Ruhr yn yr Almaen.

gwledydd newydd eu diwydianeiddio, fel Singapore a Hong Kong, yn debyg iawn i'r ffigurau ar gyfer gwledydd MEDd. (Defnyddiwyd CGC am IGC yn y gorffennol.)

Cynnydd y *NICs*/Teigrod Asiaidd

Mae Malaysia wedi datblygu fel *NIC* ail genhedlaeth lwyddiannus oherwydd:
- Cynllunio gofalus gan y wladwriaeth, wrth i'r llywodraeth reoli'r economi a'r *FDI*.
- Gweledigaeth yr arweinydd, Dr Mahatir, a lywiodd lywodraeth un blaid am ddau ddegawd gan reoli'r cyfryngau yn llym.
- Trethi o'r olew ym Môr De China, a ddarparodd gyfalaf gwreiddiol i ddatblygu'r wlad.
- Costau llafur isel a deddfau a oedd yn ffafrio buddsoddwyr.
- Twf diwydiannau allforion mewn *EPZs*, *FIZs* a *FTZs*.

Manteision bod yn *NIC*, a'r manteision i wledydd sy'n buddsoddi

Mae'r manteision economaidd i *NICs* yn cynnwys ehangu diwydiannau a gwasanaethau, cynnydd mewn masnachu rhyngwladol, cynnydd mewn lefelau incwm a gwelliannau i'r isadeiledd. Mae'r manteision cymdeithasol yn cynnwys ehangu cyfleoedd gwaith. Mae'r manteision amgylcheddol posibl yn cynnwys datblygu ecodwristiaeth, cymorth i warchod cynefinoedd a datblygu parciau cenedlaethol. Mae'r manteision i wledydd sy'n buddsoddi yn cynnwys enillion effeithlonrwydd, rhagor o elw a chostau is.

India a China: pwerau mawr ar gynnydd

Mae Brasil, Rwsia, India a China yn ffurfio grŵp o'r enw '**BRIC**' – yr economïau sy'n datblygu ac yn tyfu'n gyflym. Mae India a China yn cael eu gweld fel pwerau mawr newydd. Mae datblygiad y sector gwasanaethau wedi cael mwy o effaith ar dwf economaidd cyflym India na'r sector gweithgynhyrchu. Y prif reswm dros dwf cyflym China yw datblygiad y sector gweithgynhyrchu diolch i fuddsoddiad tramor uniongyrchol o Japan, UDA ac Ewrop.

1.5 Pwy sydd ar eu colled o symudiad byd-eang a globaleiddio?

Effeithiau negyddol bod yn *NIC* yn gymdeithasol ac yn amgylcheddol

- Mae dirywiad amgylcheddol yn digwydd yn sgil datblygu adnoddau cynradd, e.e. project mwyn haearn Carajás ym Mrasil.
- Mae datgoedwigo wedi digwydd ar raddfa fawr. Un broblem benodol yw 'tawch', sef mwrllwch sy'n cael ei achosi gan losgi wrth glirio coedwigoedd, e.e. Indonesia.
- Mae llygredd yn digwydd oherwydd bod rheolaethau'n llai llym: diffyg rheolaethau digonol oedd yn gyfrifol am y trychineb nwy yn Bhopal yn India yn 1984 a laddodd 22,000 o bobl.
- Mae mwy o wahaniaeth rhwng lefelau enillion.
- Mae amodau gwaith y gweithlu yn aml yn ddiffygiol o ran glendid, oriau hir iawn, dim undeb i'w cynrychioli, dim tâl salwch a dim o'r manteision cymdeithasol sydd ar gael mewn gwledydd MEDd.

Pam mae llawer o gwmnïau o Ewrop a Gogledd America yn allanoli gwaith ym maes TGCh i gwmnïau yn India?

Trydyddu Llafur yn y sector trydyddol yn cynyddu mewn ffordd absoliwt neu gymharol oherwydd newid yn y sectorau (symud o'r sector gweithgynhyrchu i'r sector gwasanaethau) a chynnydd mewn gweithgareddau gwasanaeth yn y sector eilaidd ei hun.

Defnyddiwch eich gwybodaeth synoptig am strategaethau rhyngwladol a ddefnyddiwyd i fynd i'r afael â newid hinsawdd a astudiwyd yn y cwrs UG (Uned G1) i ddangos rhai o'r atebion byd-eang.

- Mae mwy o fenywod yn cael eu cyflogi, sy'n gallu lleihau'r gyfradd genedigaethau yn is na'r hyn sydd ei angen i gynnal y boblogaeth.
- Mae defnyddio gweithwyr medrus alltud, yn enwedig yn y sector cyllid (e.e. yn Singapore), ac mewn sectorau di-grefft fel adeiladu, yn gallu arwain at greu ardaloedd ar wahân (getos) ar gyfer gweithwyr alltud a mewnfudwyr.
- Mae'r boblogaeth yn mynd yn fwy gorllewinol ei natur, gan leihau'r hunaniaeth ddiwylliannol.

Ffactorau yn arwain at ddad-ddiwydianeiddio

Dad-ddiwydianeiddio yw'r dirywiad mewn gweithgynhyrchu sydd wedi digwydd yn y rhanbarthau hynny o Ogledd America ac Ewrop a gafodd eu diwydianeiddio yn y bedwaredd ganrif ar bymtheg a dechrau'r ugeinfed ganrif. Mae hyn wedi digwydd am nifer o resymau:

- Mae llawer o nwyddau wedi cyrraedd diwedd eu cylchred oes – mae nwyddau newydd wedi cymryd lle hen nwyddau.
- Mae technolegau newydd sydd angen llai o weithwyr wedi cymryd lle hen ddulliau cynhyrchu.
- Mae llafur wedi glynu wrth hen arferion ac mae llafur wedi'i reoli'n wael.
- Mae cystadleuaeth yn dod o leoliadau rhatach gyda chostau llafur isel.
- Roedd dirwasgiad yn yr 1980au.
- Nid yw diwydiannau fel glo a dur yn derbyn cymorth y llywodraeth nawr.
- Mae cwmnïau wedi gorfod rhesymoli cynhyrchedd.

Cyflogaeth newidiol mewn gwledydd MEDd

Mae'r dulliau y gellir eu defnyddio ar gyfer adfywio economïau rhanbarthol sy'n dioddef dad-ddiwydianeiddio yn cynnwys hybu lleoliadau, datblygu diwydiannau arweiniol, creu ymchwil a datblygiad, darparu cymorth gan lywodraeth ar lefel leol, rhanbarthol a chenedlaethol, a hybu twristiaeth. Mae'r mesurau hyn wedi achosi **trydyddu** (*tertiarisation*) gweithgareddau economaidd. Mae'r ardaloedd o'r DU sydd wedi'u dad-ddiwydianeiddio yn cynnwys de Cymru a gogledd-ddwyrain Lloegr.

Effeithiau amgylcheddol globaleiddio

Mae effeithiau negyddol, fel cynhesu byd-eang, yn dod yn sgil globaleiddio ac mae angen atebion byd-eang i ddatrys y problemau hyn.

Mae globaleiddio yn gallu cael effaith negyddol ar yr amgylchedd ar lefel ranbarthol hefyd – fel y nodwyd yn effeithiau negyddol bod yn *NIC* (uchod).

1.6 Beth yw achosion ac effeithiau globaleiddio gwleidyddol a diwylliannol?

Ymerodraethau a statws pwerau mawr

Mae globaleiddio wedi arwain at sefyllfa le mae'r rhan fwyaf o wledydd wedi'u cysylltu mewn ffyrdd amrywiol – yn wleidyddol, yn ddiwylliannol ac yn economaidd. Mae achosion globaleiddio gwleidyddol yn cynnwys dylanwad y **pwerau mawr**, yn enwedig UDA. Mae'r pwerau mawr yn cael eu beirniadu yn aml am gymryd mantais ar sefyllfa gwledydd eraill. Un enghraifft o hyn oedd China yn rhoi pwysau ar yr Ewrodir am gonsesiynau gwleidyddol, fel mwy o gynrychiolaeth ar yr *IMF*, yn gyfnewid am gymorth ariannol China.

Gorllewino ac integreiddio diwylliannol

Mae **integreiddio diwylliannol** yn digwydd wrth i arferion diwylliannol gael eu cyfnewid rhwng gwledydd. Mae technolegau newydd, fel cludiant awyr masnachol, teledu lloeren, telathrebu torfol a'r rhyngrwyd, wedi creu byd lle mae biliynau o bobl yn defnyddio'r union un nwyddau diwylliannol, e.e. cerddoriaeth bop. Mae pobl yn mabwysiadu arferion diwylliannol tebyg hefyd, fel bwyta'r un math o fwydydd tramor a defnyddio'r un geiriau tramor. Mae gweithrediadau *TNCS* wedi achosi monoddiwylliant o ran cynnyrch a ffordd o fyw. Mae globaleiddio diwylliannol wedi arwain at lai o amrywiaeth ddiwylliannol, colli hunaniaeth ddiwylliannol ac wedi **Gorllewino** diwylliant defnyddwyr.

Cynnydd ac adfywiad diwylliannau eraill

Mae **cenedlaetholdeb** a **ffwndamentaliaeth** ar gynnydd o ganlyniad i'r broses globaleiddio, wrth i lawer o wledydd a rhanbarthau geisio cadw eu hunaniaeth ddiwylliannol unigryw.

Globaleiddio a'r bwlch datblygiad

Un o effeithiau negyddol allweddol globaleiddio yw'r **bwlch datblygiad**, cynyddol, wrth i'r gwahaniaeth rhwng lefelau datblygiad yn y gwahanol wledydd gynyddu. Mae'r ffaith bod rhai gwledydd yn datblygu'n gynt nag eraill ledled y byd wedi gwaethygu'r sefyllfa hon.

Crynodeb

Ar ôl astudio'r testun hwn, dylech chi allu:

- diffinio a deall y termau 'globaleiddio' a 'symudiad byd-eang'
- gwybod a deall y ffactorau sydd wedi achosi'r globaleiddio economaidd presennol, gan gynnwys *FDI*, newidiadau mewn technoleg gyfrifiadurol, cyfathrebu a chludiant a rôl blociau masnach a'r *WTO*
- rhoi enghreifftiau o'r *TNCs* a enwyd sydd wedi'u dosbarthu ledled y byd yn y sectorau gweithgynhyrchu a gwasanaethau, pam maen nhw wedi'u dosbarthu fel hyn a beth yw eu heffaith
- disgrifio ac egluro manteision globaleiddio ar gyfer rhai gwledydd, gan gynnwys *NICs*, *RICs*, India a China
- disgrifio ac egluro anfanteision globaleiddio ar gyfer *NICs*, gwledydd MEDd a'r amgylchedd
- gwybod a deall achosion ac effeithiau globaleiddio gwleidyddol a diwylliannol

---

Thema 6(a) Asia Ddatblygol: China

1.1 Beth yw prif nodweddion ffisegol a demograffig China?

Mae Gweriniaeth Pobl China yn nwyrain Asia, ar ochr orllewinol y Cefnfor Tawel. Dim ond dwy wlad ledled y byd sy'n fwy na China, sef Rwsia a Chanada.

Golwg cyffredinol ar y raddfa genedlaethol o batrymau

(i) Hinsawdd

Er bod China ar y cyfan o fewn y belt tymherus, mae'r patrymau hinsoddol yn gymhleth, ac yn amrywio o hinsawdd **istrofannol** yn y de i hinsawdd **is-arctig** yn y gogledd. Gwyntoedd **monsŵn** yw nodwedd amlycaf yr hinsawdd, ac maen nhw'n dylanwadu'n gryf ar amseriad y

tymor glaw ac ar gyfanswm y glawiad. Mae symudiadau'r aergorff tymhorol a'u gwyntoedd cysylltiedig yn arwain at hafau llaith a gaeafau sych.

(ii) Tirwedd, draeniad ac argaeledd dŵr

Mae tirwedd China yn gymhleth ac yn amrywiol, gan amrywio o fynyddoedd, llwyfandiroedd uchel a diffeithdiroedd yn bennaf yn y gorllewin, i wastadeddau, deltâu a bryniau yn y dwyrain. Mae Mynyddoedd Qinling yn ffin naturiol rhwng gogledd a de China.

Llwyfandir Tibet yn y gorllewin yw ffynhonnell bron 50% o brif systemau afonydd China, gan gynnwys y tair afon hiraf: afonydd Yangtze (Chang), Huang He (Melyn) a Pearl. Mae'r afonydd hyn yn llifo o'r gorllewin i'r dwyrain, i'r Cefnfor Tawel. Mae tua 10% o systemau afonydd China yn draenio i gefnfor India neu'r cefnfor Arctig. Nid oes gan y 40% arall allfa i'r môr; maen nhw'n draenio trwy ardaloedd sych China yn y gorllewin a'r gogledd, gan ffurfio cronfeydd dŵr wrth gefn yn ddwfn o dan y ddaear.

(iii) Adnoddau naturiol

Mae gan China amrywiaeth o adnoddau mwynol naturiol gan gynnwys glo, mwyn haearn, petroliwm, nwy naturiol, mercwri, tun, twngsten, antimoni, manganîs, molybdenwm, fanadiwm, magnetit, alwminiwm, plwm, sinc ac wraniwm. China sydd â'r potensial mwyaf yn y byd ar gyfer pŵer trydan dŵr, gyda chronfeydd gwerth 680 miliwn cilowat.

(iv) Dosbarthiad poblogaeth

Mae gan China boblogaeth o 1.3 biliwn – y boblogaeth fwyaf yn y byd. Mae'r rhan fwyaf o'r boblogaeth yn byw yn ardaloedd dwyreiniol ac arfordirol y wlad ac ar hyd y prif afonydd sef Yangtze, Huang He a Huai. Mae llawer o'r wlad, gan gynnwys mynyddoedd serth Himalaya, glaswelltiroedd sych y gogledd, yr ardal ganolog a Diffeithdir Gobi yn y gogledd, heb neb yn byw yno, bron. Mae bron 60% o bobl China yn byw mewn ardaloedd gwledig.

(v) Gwahaniaethau rhanbarthol mewn lefelau datblygiad

Twf economaidd yn hytrach na chydraddoldeb yw'r prif nod datblygu ers y diwygiadau economaidd ar ddiwedd yr 1970au. Yn yr 1980au, o dan y slogan 'gadael i rai pobl a rhai rhanbarthau fynd yn gyfoethog yn gyntaf', gweithredodd China strategaeth o ddatblygu'r arfordir. Erbyn heddiw, mae cyferbyniad mawr rhwng y gylchfa arfordirol drefol ffyniannus a'r mewndir tlawd, gwledig.

1.2 Pam a sut mae'r economi yn newid?

Newidiadau mewn polisïau economaidd

Yn dilyn marwolaeth Mao Tse-Tung (Mao Zedong) yn 1976, newidiodd cyfeiriad economi China yn gyfan gwbl. Yn 1978, cyflwynodd Deng Xiaoping, arweinydd newydd Plaid Gomiwnyddol China, bolisi 'Drws Agored' er mwyn agor economi China i weddill y byd. Roedd y wlad wedi dod yn fwy ymwybodol bod y byd, a de-ddwyrain Asia yn benodol, yn datblygu ac yn gadael China ar ôl. Symudodd China tuag at **economi marchnad sosialaidd**. Heddiw, mae arweinwyr yr unfed ganrif ar hugain yn China yn canolbwyntio ar dwf economaidd – ond ar delerau China.

Mae cynnydd sylweddol wedi'i wneud ers i'r diwygiadau economaidd gael eu rhoi ar waith yn China (Ffigur 16).

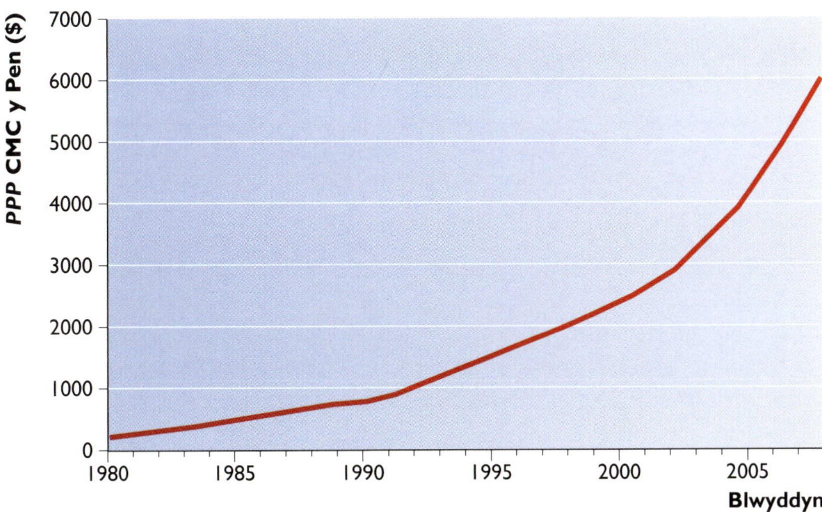

Ffigur 16 Twf CMC y pen yn China ers 1980

Diwydiannau newydd yn yr economi newidiol

Mentrau dan berchenogaeth y wladwriaeth (*SOEs: state-owned enterprises*) oedd yn gyfrifol am y mwyafrif llethol o weithgynhyrchu yn China rhwng 1949 a diwedd yr 1970au. Diwydiannau trwm fel olew, cemegion, pŵer, haearn a dur oedd y rhain yn bennaf. Roedd yn rhaid i'r mentrau hyn newid wrth i China ganolbwyntio ar gynyddu cynhyrchedd yn yr 1980au. Mae rheolaeth *SOEs* mawr wedi gwella ac fe gafodd *SOEs* bach eu preifateiddio yn y pen draw. Mae cwmnïau China wedi mynd yn debycach i gwmnïau gorllewinol yn raddol.

Mae *SOEs* mawr wedi cael rhywfaint o lwyddiant. Mae cynnyrch diwydiannol wedi tyfu hyd at 13% y flwyddyn ac mae meysydd technoleg, sgiliau rheoli ac effeithlonrwydd wedi gwella'n sylweddol. Mae *SOEs* wedi denu *TNCs* fel partneriaid ac mae **FDI** wedi bod yn uchel. Cynyddodd *FDI* yn China o $3.5 biliwn UDA yn 1990 i $106 biliwn UDA yn 2010.

Ffactorau sy'n effeithio ar dwf diwydiannau newydd a'r cyferbyniad rhwng ardaloedd arfordirol a'r mewndir

Ers 1979, mae pum **cylchfa economaidd arbennig (*SEZ: special economic zone*)** a 14 **dinas agored** wedi'u dynodi. Mae'r ardaloedd hyn yn cynnig llai o gyfyngiadau ar dir, llafur, cyflogau, trethi a rheoliadau cynllunio i gwmnïau o dramor, yn enwedig cwmnïau ym maes y diwydiannau uwch-dechnoleg. O ganlyniad, mae gweithgaredd economaidd wedi sefydlu a thyfu yn yr ardaloedd arfordirol yn bennaf – ac mae'r ardaloedd hyn wedi derbyn y rhan fwyaf o'r buddsoddiad mewnol ac wedi mewnforio cyfalaf, technoleg a sgiliau entrepreneuraidd ar draul y mewndiroedd.

Effaith y newid mewn strwythur oedran ar yr economi

Rhannyn demograffig cadarnhaol yw pan mae mwy o bobl o oedran cynhyrchu gyda chymhareb dibyniaeth isel yn cyd-daro â ffyniant economaidd. Bydd cynnyrch y pen yn codi 10% rhwng 1982 a 2050, ond er bod economi China yn tyfu, nid yw'n dod yn fwy effeithlon.

Bydd y **rhannyn demograffig negyddol**, sy'n gysylltiedig â phroses heneiddio gyflym, yn effeithio ar China cyn bo hir. Wrth i bobl fyw yn hirach, mae'n rhaid iddynt naill ai gronni cyfoeth neu wynebu safon byw is yn eu henaint.

1.3 Beth yw'r sialensiau economaidd a chymdeithasol sy'n wynebu cymunedau gwledig?

Newidiadau yn nhrefniant amaethyddiaeth a gweithgareddau economaidd gwledig

Yr economi wledig oedd y sector cyntaf i gael ei ddiwygio gan fod cynhyrchedd amaethyddol isel yn peryglu sicrwydd bwyd China. Daeth holl dir China yn eiddo i'r wlad o dan arweiniad y wladwriaeth yn 1949. Cafodd mwy o fwyd ei gynhyrchu yn y dechrau diolch i ddulliau ffermio'r **Chwyldro Gwyrdd**, ond nid oedd yn bosibl cynnal hyn. Yn 1981 cafodd tir fferm ei rannu rhwng cartrefi, gyda phob cartref yn cael contract 15 mlynedd i ffermio'r tir. Oherwydd y sicrwydd hwn, roedd ffermwyr yn ddigon hyderus i fuddsoddi a rheoli'r tir yn fwy effeithiol. Llwyddodd y diwygiadau i adfywio'r economi wledig. Ers y cyfnod hwnnw, mae cynnyrch amaethyddol wedi cynyddu'n araf iawn ac mae ansicrwydd bwyd yn dechrau dychwelyd i China.

Yn ystod cyfnod Mao, roedd diwydiannau gwledig o'r enw **mentrau trefi a phentrefi (TVEs: town and village enterprises)** yn cynhyrchu nwyddau trwm fel haearn, dur, sment, gwrtaith cemegol ac offer fferm, yn ogystal â phŵer trydan dŵr. Ehangodd y mentrau hyn ar ôl 1978 er mwyn datblygu mwy o amrywiaeth o fusnesau. Roedd yn well gan lawer o ffermwyr China fuddsoddi eu hadnoddau mewn diwydiannau gwledig yn hytrach nag amaethyddiaeth. Llwyddodd hyn i hybu twf busnesau bach gyda'r gwerinwyr mwyaf llwyddiannus yn eu rhedeg. O ganlyniad, datblygodd dosbarth entrepreneuraidd newydd ac erbyn hyn mae *TVEs* yn asgwrn cefn i ddatblygiad mewn ardaloedd gwledig.

Effaith polisïau poblogaeth mewn ardaloedd gwledig

Mae llawer wedi osgoi **polisi un plentyn** llywodraeth China mewn ardaloedd gwledig am fod angen digon o weithwyr. Roedd diwygiadau gwledig 1980 yn annog teuluoedd gwledig i ddefnyddio mwy o lafur teuluol, ac mae gan rai taleithiau amodau ar gyfer eithrio o'r polisi un plentyn.

Effeithiau a sialensiau mudo i ardaloedd gwledig

Rheolwyd mudo mewnol yn llym cyn yr 1980au er mwyn ceisio osgoi twf gormodol yn y dinasoedd. Roedd cartrefi'n gorfod cofrestru o dan y drefn hukou er mwyn rheoli gwasanaethau sylfaenol fel tai, lles a swyddi, ac nid oedd yn bosibl trosglwyddo mynediad rhwng un rhanbarth a'r llall. Byddai cofrestru gyda hukou gwledig yn para am byth. Fodd bynnag, ers yr 1990au mae'r galw am lafur di-grefft a lled-grefftus yn y dinasoedd wedi arwain at fudwyr gwledig yn cael hukou trefol dros dro, sy'n eu galluogi i gael rhai gwasanaethau tai a lles sylfaenol mewn dinasoedd. Mae'n rhaid adnewyddu'r cofrestriad bob blwyddyn fel bod yr awdurdodau yn gallu rheoli nifer y mudwyr. Mae'r drefn hukou dros dro yn gosod y boblogaeth fudol ar wahân ac mae wedi cynyddu anghydraddoldeb o ran mynediad i wasanaethau mewn dinasoedd.

Cyngor yr arholwr

Mae'n bosibl byddwch wedi gweld yr acronym Cymraeg MTP, sef mentrau trefi a phentrefi, yn cael ei ddefnyddio am *TVE* mewn cyhoeddiadau eraill ac mewn papurau arholiad.

Cyngor yr arholwr

Mae'n hawdd cyffredinoli wrth drafod China, ond cofiwch fod arholwyr eisiau darllen ffeithiau. Dylech ddysgu rhywfaint o ystadegau i gefnogi eich atebion a nodi amrywiadau gofodol. Er bod 90% o bobl dlawd China yn byw mewn ardaloedd gwledig, mae 66% yn byw yng ngorllewin y wlad.

Hukou System gofrestru China sy'n cydnabod yn swyddogol bod unigolyn yn byw mewn ardal benodol.

Gwirio gwybodaeth 28

Gan fod y rhan fwyaf o'r mudwyr yn perthyn i'r sector economaidd weithgar, beth yw'r goblygiadau i'r ardaloedd gwledig pan mae carfan o oedran penodol yn mudo?

Gwasanaethau lles cymdeithasol fel iechyd ac addysg

Mae bwlch mawr rhwng y poblogaethau gwledig a threfol, bwlch a wnaeth bara yn ystod blynyddoedd Mao yn sgil system hukou. Nid oedd cynnydd a datblygiad yr ardaloedd trefol i'w weld o gwbl yn yr ardaloedd gwledig. O ganlyniad, mae llawer o ardaloedd gwledig yn gyntefig a thraddodiadol iawn, mae'r gwasanaethau a'r cyfleusterau'n wael iawn, ac mae bwlch enfawr rhyngddyn nhw a'r dinasoedd modern rhanbarthol a thaleithiol. Mae cyfleusterau addysg ac iechyd mewn ardaloedd gwledig yn wael, yn enwedig o gofio bod China am fod yn un o bwerau mawr y byd. Nid oes gan lawer o bentrefwyr unrhyw fath o ddiogelwch cymdeithasol fel pensiwn neu yswiriant iechyd.

Datblygiad cynaliadwy

Mae pwyslais ar dwf economaidd a diwydiannau newydd mewn llawer o'r cymunedau gwledig ac mae hyn yn rhoi pwysau ar yr amgylchedd. Mae datgoedwigo, llygredd aer a dŵr a defnyddio tir at ddibenion diwydiannol yn hytrach na dibenion amaethyddol yn peryglu'r broses gynhyrchu bwyd yn raddol. Mae'r pwysau cynyddol ar y tir fferm sy'n weddill yn cynyddu'r perygl o ddiraddiad y pridd. Mae'n rhaid i bentrefi a threfi bach gynyddu eu hincwm eu hunain, trwy ddiwydiannau bach yn bennaf, er mwyn gallu cyfrannu at wasanaethau iechyd ac addysg. Os yw'r gwasanaethau hyn yn dirywio, bydd allfudo yn cynyddu a bydd yn anoddach i gymunedau ddatblygu busnesau a chynnal gwasanaethau sylfaenol.

1.4 Beth yw'r sialensiau economaidd a chymdeithasol sy'n wynebu cymunedau trefol?

Newidiadau yn nhrefniant gweithgareddau economaidd mewn ardaloedd trefol

Mae pob ardal drefol yn cystadlu am ei chyfran o dwf economaidd a buddsoddiad o dramor. Mae parciau diwydiannol uwch-dechnoleg, rhanbarthau di-doll a **SEZs** yn ceisio denu busnesau newydd, fel arfer yn bell o'r canolfannau trefol gorlawn, datblygedig sydd eisoes yn bodoli. Mae rhai o'r llywodraethau taleithiol a lleol wedi mentro i'r maes hapfasnachu tir. Mae hyn wedi arwain at filoedd o hectarau o dir gwag o gwmpas un neu ddwy swyddfa uchel iawn ar ymyl dinasoedd. Mae yna ddiffyg cydweithredu rhwng awdurdodau canolog a lleol yn aml. Mae rhai cymunedau yn awyddus i werthu eu tir i ddatblygwyr er mwyn newid eu statws hukou.

Mudo i ardaloedd trefol a chynnydd mewn anghydraddoldeb cymdeithasol

Mae miliynau o bobl wedi mudo o ardaloedd gwledig i ardaloedd trefol er mwyn llenwi'r swyddi sydd wedi'u creu gan y twf economaidd enfawr. Mae'r rhan fwyaf o fudwyr yn symud i ddinasoedd arfordirol y dwyrain fel Beijing, Tianjin, Tangshan, Shanghai, Changjiang a delta Zhujiang. Mae'r prifddinasoedd taleithiol yn tyfu hefyd. Fodd bynnag, mae ymgyrchwyr yn erbyn tlodi yn dadlau bod llawer o weithwyr yn derbyn cyflogau isel ac yn byw o dan amodau gwael. Bob blwyddyn mae tua 200,000 o bobl yn symud i slymiau ar gyrion deheuol y brifddinas, Beijing. Mae anghydraddoldeb cymdeithasol yn cynyddu rhwng y dosbarth canol cynyddol yn yr ardaloedd trefol a'r boblogaeth dlawd a mudol. Mae'r ddarpariaeth ym meysydd lles, iechyd ac addysg yn well o lawer ar gyfer trigolion â statws hukou trefol parhaol.

Gwasanaethau lles cymdeithasol fel iechyd, addysg a thai

Mae'r sialensiau cymdeithasol sy'n gysylltiedig â threfoli cyflym China yn cynnwys amddifadedd a thlodi, arwahanu, a phroblemau sy'n gysylltiedig ag iechyd a throseddu. Mae anghydraddoldeb tai yn enghraifft o lawer o'r problemau lles sy'n wynebu ardaloedd trefol China.

Anghydraddoldebau gwledig-trefol cynyddol

Mae datblygiad trefol cyfalaf-ddwys wedi creu bwlch cynhyrchedd mawr rhwng y sector amaethyddol a sectorau eraill o'r economi. Mae hyn wedi arwain at fwlch cynyddol rhwng incwm y pen yn yr ardaloedd gwledig a threfol. Mae'r ffaith bod pobl wedi mudo o ardaloedd gwledig i ardaloedd trefol er mwyn llenwi'r swyddi a gafodd eu creu gan y ffyniant economaidd wedi arwain at fwy o anghydraddoldeb. Yn 2009, roedd incwm blynyddol y pen yn ardaloedd trefol China, tua $2,500 UDA, sydd bron dair gwaith yn fwy nag incwm trigolion gwledig. Mae'r bwlch yn fwy o lawer mewn dinasoedd mawr, cyfoethog fel Beijing.

Datblygiad cynaliadwy mewn trefi a dinasoedd

Mae **datblygiad cynaliadwy** yn mynd yn anoddach wrth i'r trefi a'r dinasoedd dyfu. Mae'r galw am egni yn codi. Mae angen mwy o ddŵr yn sgil cynnydd yn y boblogaeth a diwydiant, ac felly mae cyflenwadau mewn llynnoedd a chronfeydd dŵr daear yn disgyn o ganlyniad. Wrth i dir ar gyrion y dinasoedd gael ei ddatblygu ar gyfer ffatrïoedd newydd, mae llai o dir ar gael ar gyfer ffermio. Mae blerdwf dinesig yn gwahanu cartrefi oddi wrth ddiwydiannau, gan arwain at ragor o bobl yn cymudo a mwy o dagfeydd traffig. Mae cyfleusterau gwaredu gwastraff domestig a diwydiannol yn dod o dan bwysau, yn enwedig gan y dosbarthiadau canol cynyddol. Nid yw awdurdodau cenedlaethol, taleithiol a dinesig yn fodlon talu am brojectau a gwasanaethau cynaliadwy bob amser.

1.5 Beth yw effeithiau globaleiddio ar China?

Rôl cwmnïau tramor yn newid a datblygu'r economi

Ers i'r rheolau masnachu gael eu llacio yn yr 1980au, mae *TNCs* byd-eang wedi bod yn ehangu a chystadlu'n frwd am farchnadoedd newydd posibl. Trwy ddenu cwmnïau o dramor i China, mae'r gystadleuaeth wedi codi lefelau effeithlonrwydd ac wedi gorfodi *SOEs* mawr naill ai i foderneiddio neu i gau eu drysau. Mae **mentrau ar y cyd (*JVs: joint ventures*)** wedi bod yn hanfodol bwysig i China, ac mae cwmnïau fel Procter & Gamble, Caterpillar ac United Technologies wedi bod yn arbennig o lwyddiannus. Mae trosglwyddo technoleg wedi bod yn un o nodweddion allweddol y mentrau hyn, ac mae'n rhaid i waith sy'n cael ei is-gontractio gael ei roi i gwmnïau domestig dethol. Mae hyn yn sicrhau bod China yn dysgu'r sgiliau perthnasol i'w trosglwyddo i gwmnïau domestig.

Pwysigrwydd allforion a rôl y *WTO*

Mae allforion China yn cynnwys cynhyrchion llafur-ddwys fel teganau, dillad a nwyddau electronig wedi'u cydosod, yn ogystal â chynhyrchion mwy soffistigedig sy'n fwy nodweddiadol o wlad ble mae'r CMC y pen yn llawer uwch. Mae'r *JVs*, sy'n cael eu lleoli mewn clystyrau yn y *SEZs*, yn ffynhonnell dechnoleg a throsglwyddo technoleg hollbwysig ac maen nhw'n gyfrifol am y rhan fwyaf o allforion. Daeth China yn aelod o'r *WTO* yn 2001 ac mae'n cyfrannu'n fawr at ehangu mewnforion ac allforion China o hyd. Bydd hyn yn dylanwadu'n fawr ar systemau

---

Datblygiad cynaliadwy Datblygiad sy'n cwrdd ag anghenion heddiw heb amharu ar allu cenedlaethau'r dyfodol i gwrdd â'u hanghenion eu hunain.

Gwirio gwybodaeth 29

Enwch un o ecoddinasoedd arfaethedig China.

economaidd a gwleidyddol China, gan effeithio'n benodol ar sut mae busnesau'n cael eu cynnal.

Effeithiau economaidd a gwleidyddol masnach China â gweddill y byd

Mae angen adnoddau ar China i gynnal ei thwf economaidd, a bu'r wlad yn benderfynol o sefydlu cysylltiadau masnach â gwledydd sy'n gallu cyflenwi deunyddiau crai. Mae'r cynnydd yn y bwyd a'r mwynau sy'n cael eu mewnforio i China wedi codi prisiau llawer o nwyddau'r byd, gan gynnwys prisiau mwyn haearn a mwynau eraill. Mae China wedi cynyddu ei masnach a'i buddsoddiad tramor uniongyrchol ar bob cyfandir, gan gynnwys yn Ewrop ac UDA, a bu sawl dadl rhwng China a'i phartneriaid masnachu ynglŷn â 'dympio' allforion.

Mae China bob amser wedi masnachu gydag Affrica, ond yn ddiweddar mae'r gymuned ryngwladol wedi dechrau edrych yn fanwl ar y fasnach hon a'r dylanwad gwleidyddol cysylltiedig.

Mae rhai o aelodau Cymdeithas Cenhedloedd De-ddwyrain Asia (*ASEAN*) yn poeni am y nifer mawr o nwyddau o China sy'n cyrraedd marchnadoedd lleol. Ni all y gwledydd gystadlu â China, ac mae'n rhaid iddynt ddod o hyd i strategaethau gwahanol er mwyn cynnal eu lefelau presennol o ddatblygiad economaidd.

Beth yw costau a manteision buddsoddiad China yn Affrica?

1.6 Beth yw'r sialensiau a'r atebion amgylcheddol sy'n wynebu China?

Achosion a chanlyniadau erydiad pridd, llygredd diwydiannol, defnydd cynaliadwy o adnoddau dŵr, a'r angen am gyflenwadau egni

Amcangyfrifir bod China wedi colli un rhan o bump o'i thir amaethyddol i erydiad pridd a datblygiad economaidd ers 1949. Mae llygredd aer yn broblem fawr mewn dinasoedd fel Beijing a Shanghai oherwydd eu bod yn dibynnu'n fawr ar lo. Mae prinder dŵr yn broblem hefyd, yn enwedig yn y gogledd, ac mae llywodraeth China wedi dechrau project peirianneg enfawr i drosglwyddo dŵr o ardaloedd gwlyb y de i ardaloedd sych y gogledd. Mae llygredd dŵr yn achosi problemau iechyd oherwydd cynhyrchion gwastraff heb eu trin.

Y cydbwysedd rhwng twf economaidd a datblygiad cynaliadwy

Mae ymwybyddiaeth amgylcheddol ar gynnydd ymysg sefydliadau a chymunedau lleol yn China, ond mae'r awydd am dwf economaidd yn parhau i fod yn bwysicach i'r Politbiwro (corff llywodraethol y Blaid Gomiwnyddol) na phryderon am gynaliadwyedd amgylcheddol. Er gwaethaf hynny, roedd ymateb y llywodraeth i gytundebau Rio a Kyōto ar yr amgylchedd yn awgrymu eu bod yn cydnabod i ryw raddau bod angen cynaliadwyedd. Llofnodwyd Protocol Kyōto yn 1998 gan China, lai na blwyddyn ar ôl ei sefydlu, gyda'r bwriad o sefydlu China fel arweinydd y gwledydd sy'n datblygu. Mae pryderon amgylcheddol yn cael eu hystyried o ddifrif, ond mae problemau biwrocrataidd a llygredd yn llesteirio'r gwaith o roi polisïau cenedlaethol ar waith yn lleol.

Ymchwiliwch i'r gwaith mae gweithgynhyrchwyr China yn ei wneud i ddatblygu technoleg solar, gwynt a glo glân. Mae'r darlun diweddar hwn yn mynd yn groes i'r ddelwedd draddodiadol o China fel gwlad sy'n poeni dim am yr amgylchedd.

Crynodeb

Ar ôl astudio'r testun hwn, dylech chi allu:

- rhoi golwg cyffredinol o brif nodweddion ffisegol a demograffig China, gan gynnwys gwahaniaethau rhanbarthol mewn lefelau datblygiad
- disgrifio sut ac egluro pam mae economi China yn newid
- disgrifio ac egluro'r sialensiau economaidd a chymdeithasol sy'n wynebu cymunedau gwledig yn China
- disgrifio ac egluro'r sialensiau economaidd a chymdeithasol sy'n wynebu cymunedau trefol yn China
- gwybod a deall effeithiau globaleiddio ar China
- gwybod a deall y sialensiau a'r atebion amgylcheddol sy'n wynebu China

Thema 6(b) Asia Ddatblygol: India

1.1 Beth yw prif nodweddion ffisegol a demograffig India?

Golwg cyffredinol ar y raddfa genedlaethol o batrymau

(i) Hinsawdd

Mae'n anodd cyffredinoli wrth drafod hinsawdd India oherwydd bod y wlad mor fawr – mae India yn ymestyn dros y rhan fwyaf o isgyfandir India – ac mae'r Himalaya a Diffeithdir Thar yn dylanwadu'n gryf ar hinsawdd y wlad. Mae gan India chwech isdeip hinsoddol, yn amrywio o ddiffeithdir i dwndra alpaidd. Yn gyffredinol, mae'r tymheredd yn oerach yn y gogledd, yn enwedig rhwng mis Medi a mis Mawrth. Mae pedwar tymor yn India: y gaeaf (mis Ionawr a mis Chwefror), yr haf (mis Mawrth i fis Mai), y tymor **monsŵn** gwlyb (mis Mehefin i fis Medi) a'r tymor monsŵn sych (mis Hydref i fis Rhagfyr).

Mae'r tymor monsŵn gwlyb yn digwydd wrth i'r **ITCZ** symud i'r rhanbarth gan ddod â gwasgedd isel a thynnu gwyntoedd poeth, llaith o'r cefnfor. Mae **ymgodiad orograffig** yn cynyddu glawiad gyda'r gwyntoedd llaith yn cael eu tynnu dros uwchdiroedd fel y Ghats Gorllewinol. Mae'r tymheredd yn 30°C ar gyfartaledd ac mae lleithder yn uchel iawn hefyd. Mae'r glawiad cyfartalog tua 2000 mm ac yn lleihau wrth symud i'r mewndir. Mae seiclonau a chorwyntoedd yn digwydd yn aml tua diwedd y tymor glaw (Ffigur 14, t. 28).

Mae'r tymor sych, oerach yn digwydd yr un pryd â'r ymlediad gwasgedd uchel cyfandirol wrth i'r *ITCZ* symud yn ôl tuag at y Cyhydedd a draw i'r trofannau. Wrth i'r gwasgedd uchel reoli, mae'r aer yn ymsuddo ac mae'r gwyntoedd allchwyth yn sych. Mae'r tymheredd yn gymharol uchel o hyd (25°C) ar yr iseldir ac mae cyfraddau anweddiad yn uchel hefyd. Mae'r tywydd yn llawer mwy garw mewn ardaloedd mynyddig (Ffigur 15, t. 29).

(ii) Tirwedd, draeniad ac argaeledd dŵr

Mae afonydd mawr India yn tarddu o un o dair prif wahanfa ddŵr: cadwyni'r Himalaya a'r Karakoram yn y gogledd; cadwyni'r Vindhya a'r Satpura yn y canol; a'r Ghats Gorllewinol yn y gorllewin. Mae rhwydweithiau afonydd yr Himalaya yn cael eu bwydo gan eira ac maen nhw'n llifo'n gyson, drwy gydol y flwyddyn. Mae'r ddau rwydwaith arall yn dibynnu ar y monsynau ac maen nhw'n arllwys llawer llai o ddŵr yn ystod y tymor sych.

(iii) Adnoddau naturiol

Mae prif adnoddau mwynol India yn cynnwys glo (dim ond dwy wlad arall ledled y byd sydd â mwy o lo nag India), mwyn haearn, manganîs, mica, bocsit, mwyn titaniwm, nwy naturiol, diemwnt, petroliwm, calchfaen a thoriwm (Kerala, yn y de, sydd â'r cyflenwad mwyaf o thoriwm yn y byd). Mae meysydd olew oddi ar Mumbai (Bombay) ac atraeth yn Assam yn cwrdd â 30% o anghenion y wlad; fodd bynnag, mae India yn parhau i ddibynnu'n fawr ar fewnforio glo ac olew ar gyfer eu cyflenwad o egni.

(iv) Dosbarthiad poblogaeth

Mae poblogaeth India – 1.15 biliwn yn 2010 – yn tyfu'n gynt nag unrhyw le arall, ac erbyn 2030 bydd India yn cymryd lle China fel y wlad â'r boblogaeth fwyaf yn y byd. Mae'r rhan fwyaf o'r boblogaeth yn byw yn y gorlifdiroedd ffrwythlon yn y gogledd. Mae pedair talaith – Bihar, Madhya Pradesh, Rajasthan ac Uttar Pradesh – yn gartref i 40% o'r boblogaeth ac yn gyfrifol am 47% o'r twf poblogaeth. Roedd 200 miliwn o bobl yn byw yn Uttar Pradesh, talaith fwyaf poblog India, yn 2011 – sy'n fwy na phoblogaeth Pakistan. Mae cyfraddau ffrwythlondeb taleithiau'r de yn is na'r gogledd, a bydd y bwlch yn tyfu yn y dyfodol.

(v) Gwahaniaethau yn lefelau datblygiad rhwng taleithiau

Mae India yn ffederasiwn o daleithiau a thiriogaethau undebol, ac mae gan bob un lefel sylweddol o annibyniaeth wleidyddol. Ers 1991, mae twf economaidd yn India wedi arwain at fwy o anghydraddoldeb rhwng y taleithiau – mae incwm pobl y gogledd-orllewin yn uchel (Punjab, Haryana, Delhi a Himachal Pradesh) ac ar hyd arfordir y gorllewin (Gujarat, arfordir Maharashtra, Goa a Kerala). Mae'r incwm yn dueddol o fod yn is yng nghanolbarth a gogledd-ddwyrain India: dwyrain Uttar Pradesh, Bihar, Orissa a llawer o Madhya Pradesh.

1.2 Pam a sut mae'r economi yn newid?

Mae polisi economaidd India wedi newid yn sylweddol. Yn dilyn annibyniaeth a Rhaniad (pan rannwyd India Brydeinig i greu India a Pakistan) yn 1947, nod India oedd datblygu yn economaidd heb gyfraniad neu ddylanwad cyfalaf tramor. Nid oedd polisïau economaidd y wlad yn hyrwyddo allforion o gwbl. Roedd gan y llywodraethau sosialaidd lefel uchel o reolaeth dros y diwydiannau allweddol, ac arweiniodd hyn at ormod o fiwrocratiaeth a thwf economaidd araf iawn.

Yn dilyn argyfwng economaidd difrifol yn 1991, bu'n rhaid i Blaid y Gyngres a oedd yn llywodraethu ar y pryd fenthyg arian gan yr **IMF**. Daeth yr economi o dan ddylanwad globaleiddio economaidd o ganlyniad i hyn. Erbyn hyn, economi India yw un o'r deg economi sy'n tyfu gyflymaf yn y byd.

Newidiadau mewn amaethyddiaeth draddodiadol

Nid yw cynhyrchedd amaethyddol yn India yn gyfartal ar draws y wlad. Punjab a Haryana sy'n gyfrifol am y cynnyrch mwyaf, a thaleithiau Bihar ac Orissa yn y gogledd-ddwyrain sydd â'r cynnyrch isaf. Yn yr 1960au roedd India yn dibynnu llawer ar fewnforio bwyd. Fodd bynnag, cafodd y **Chwyldro Gwyrdd** effaith fawr ar gynhyrchu bwyd yn India. Ehangodd yr ardal ar gyfer cnydau gwenith math cynnyrch uchel (*HYV: high-yielding variety*) o 4 hectar yn 1963 i 4 miliwn hectar yn 1971. Cafodd y chwyldro gwenith ei ddilyn gan newidiadau tebyg yn ymwneud â reis, siwgr, milet a chnydau hadau olew, yn ogystal â chotwm. O ganlyniad, roedd

Gwirio gwybodaeth 31

Pam nad yw dibyniaeth India ar lo fel ei phrif ffynhonnell egni yn gynaliadwy?

Cyngor yr arholwr

Bydd cynnwys diagramau yn eich atebion gydag anodiadau perthnasol sy'n cwrdd ag anghenion y cwestiwn yn ennill marciau ychwanegol bob amser.

Chwyldro Gwyrdd

Gwledydd sy'n datblygu yn defnyddio dulliau ffermio modern, gan gynnwys pecyn technoleg (gwrteithiau, plaleiddiad, rheoli dŵr a mecaneiddio).

mwy o fwyd yn cael ei gynhyrchu na'r twf yn y boblogaeth. Llwyddodd y Chwyldro Gwyrdd i godi incwm ffermwyr ar dir naturiol ffrwythlon, ond arweiniodd at ragor o anghydraddoldeb rhwng ffermwyr cyfoethog ar dir ffrwythlon a ffermwyr tlotach ar dir ymylol.

Rôl y busnes amaeth

Mae rôl **busnesau amaeth** ym meysydd allforion amaethyddol a sicrwydd bwyd wedi cynyddu. Maen nhw'n rheoli llawer o'r gadwyn, o hadau a gwrteithiau i gyllid, dosbarthu a marchnata. Mae'r ffaith bod ffermydd mawr, newydd yn India nawr yn cynhyrchu mwy o fwyd yn helpu i sicrhau sicrwydd bwyd.

Twf diwydiannau gwasanaethu ac ariannol

Mae sector ariannol a bancio eang yn India yn cefnogi'r economi sy'n tyfu'n gyflym. Mae gan India rwydwaith bancio eang a soffistigedig. Mae'r sector yn cynnwys nifer o sefydliadau ariannol cenedlaethol a thaleithiol a marchnad stoc gadarn. Mae'r marchnadoedd cyfalaf yn India yn symud yn gyflym tuag at farchnad fodern sy'n cynnwys masnachu deilliadol a masnachu dros y rhyngrwyd. Mae'r sector gwasanaethau, gan gynnwys gwasanaethau ariannol, gwasanaethau meddalwedd, gwasanaethau cyfrifyddu a diwydiannau adloniant fel Bollywood, yn cyfrannu 41% at CMC.

Ffactorau sy'n effeithio ar dwf y diwydiannau gweithgynhyrchu

Yn ogystal â'r newidiadau gwleidyddol, mae ffactorau eraill yn gyfrifol am dwf cyflym y diwydiannau gweithgynhyrchu gan gynnwys newid economaidd, fel y ***TNC*** newydd a'r polisïau buddsoddi. Mae ffactorau perthnasol eraill yn cynnwys: twf busnesau, twf y boblogaeth dosbarth canol, addysgedig a threfol sydd wedi dod yn ddefnyddwyr eu hunain ac sy'n cynnig marchnad fawr ar gyfer nwyddau traul newydd. Mae ffactorau technolegol wedi gwneud cyfraniad mawr hefyd, yn enwedig gan ei fod yn bosibl cyfathrebu a symud yn gynt ac ymhellach oherwydd technoleg gyfrifiadurol, cludiant a chyfathrebu gwell.

Yr angen am ddatblygiadau o bwys yn yr isadeiledd ledled India

Mae gan India broblemau cludiant difrifol. Mae'r sector cludiant ffordd yn flaenoriaeth, a bydd benthyciadau ar gael i'r sector hwn ar delerau ffafriol. Mae angen gwerth $200 biliwn UDA o borthladdoedd, ffyrdd ac isadeiledd newydd arall ar India, a $50 biliwn UDA i foderneiddio 40,000 km o ffyrdd. Ar hyn o bryd, mae oedi sylweddol ym maes dosbarthu a thagfeydd difrifol, ac mae llywodraethau taleithiol a ffederal yn anghytuno yn aml. Mae'r Ddeddf Priffyrdd Cenedlaethol wedi'i haddasu i helpu i leihau tollau ar draffyrdd, pontydd a thwnelau cenedlaethol. Mae'r llywodraeth hefyd yn rhoi polisi newydd ar waith sy'n ceisio gwella systemau telathrebu India.

1.3 Beth yw'r sialensiau economaidd a chymdeithasol sy'n wynebu cymunedau gwledig?

Nodweddion economaidd gymdeithasol traddodiadol India wledig

Yn ôl y Cofrestrydd Cyffredinol yn 2005, *'Mae India yn byw yn ei phentrefi'*. Er mai dinasoedd gorlawn yw ein hargraff gyffredinol o India, ar gyfartaledd yn 2001 roedd pobl India yn byw mewn aneddiadau o tua 4,200 o bobl. Mae tua 72% o'r boblogaeth mewn ardaloedd gwledig, ac mae 58% yn ffermwyr. Er bod India yn troi'n wlad dosbarth canol ar sawl ystyr yn gyflym iawn ac yn mabwysiadu ffordd o fyw sy'n fwy Gorllewinol, mae hefyd wedi cadw llawer o'i chymeriad gwledig a'i thraddodiadau cymdeithasol a chrefyddol cryf.

Mae gan y rhan fwyaf o bobl sy'n byw mewn ardaloedd gwledig yn India lefelau addysg is, cyfradd marwolaethau a ffrwythlondeb uwch, lefelau tlodi uwch, a llai o wasanaethau a chyfleusterau na'r bobl sy'n byw yn y trefi. Mae'r rhan fwyaf o bobl India yn byw eu bywydau mewn ardaloedd daearyddol cymharol gyfyng. Mae rhai ardaloedd gwledig yn nhaleithiau Bihar, Jharkhand, Uttar Pradesh ac Orissa yn ardaloedd amddifad swyddogol.

Effeithiau mudo

Mae pobl wedi mudo i'r dinasoedd oherwydd diffyg cyfleoedd mewn ardaloedd gwledig. Mae'r ffactor gwthio hwn yn effeithio ar gynaliadwyedd twf trefol, sydd erbyn hyn yn achosi pryder i lywodraethau taleithiol a chenedlaethol. Gallai datblygu ardaloedd gwledig helpu i atal mudo mewnol a lleihau'r pwysau ar ganolfannau trefol.

Gwasanaethau lles cymdeithasol mewn ardaloedd gwledig

Mae llawer o bryderon ynghylch lles cymdeithasol ac mae angen darparu sicrwydd cymdeithasol ac incwm sylfaenol ar gyfer gweithwyr amaethyddol. Mae darparu addysg yn anodd mewn llawer o ardaloedd gwledig, yn enwedig addysg i ferched, ac mae llawer o blant yn rhoi'r gorau iddi neu'n methu mynychu yn rheolaidd. Mae gan gartrefi amaethyddol tlawd y lefelau presenoldeb gwaethaf, yn enwedig yn ystod y tymor mudo a thymor y cynhaeaf.

Cynhyrchu bwyd a brwydro yn erbyn newyn ar ôl y Chwyldro Gwyrdd

Mae'r **sialensiau economaidd** sy'n gysylltiedig â chymunedau gwledig India yn cynnwys sialensiau cynhyrchu bwyd a diwygio tirddaliadaeth a phroblemau gydag isadeiledd a darpariaeth gwasanaethau. Mae'r **sialensiau cymdeithasol** yn cynnwys twf yn y boblogaeth, newyn, diffyg maeth a mudo.

Y berthynas rhwng twf poblogaeth, newyn a chynaliadwyedd yn India wledig

Mae'r twf ym mhoblogaeth India yn peryglu sicrwydd bwyd. Mae corfforaethau amlwladol yn awyddus i ddefnyddio tir fferm ffrwythlon i dyfu cnydau diwydiannol a chnydau bwyd i'w hallforio. Mae diwydiannau newydd eisiau mwy o dir hefyd er mwyn ehangu. Mae'r datblygiadau hyn yn llyncu'r adnoddau dŵr ac yn llygru'r pridd a'r dŵr.

Yn aml iawn mae ffermwyr tlawd yn cael eu gorfodi i ffermio tir ymylol, sy'n cynhyrchu llai o gnydau, heb ddefnyddio gwrteithiau a phlaleiddiaid drud. Gall ffermwyr sy'n rhoi cynnig ar dechnolegau newydd fynd i ddyled os yw'r cnydau yn methu. Gyda mwy o bobl i'w bwydo a llai o dir da ar gael, mae mwy o berygl y bydd pobl dlawd yn newynu.

Problem allweddol i India yw sut i ddarparu digon o fwyd ar gyfer poblogaeth sy'n cynyddu yn ogystal â hyrwyddo datblygiad amaethyddol a diwydiannol. Mae gan daleithiau unigol agweddau gwahanol iawn tuag at y broblem hon.

1.4 Beth yw'r sialensiau economaidd a chymdeithasol sy'n wynebu cymunedau trefol?

Mae cyferbyniad amlwg rhwng yr ardaloedd trefol sy'n gryf yn economaidd ac sy'n tyfu'n gyflym a'r pentrefi traddodiadol sy'n aml yn anghysbell. Dim ond 11% o boblogaeth India sy'n byw mewn dinasoedd lle mae mwy nag 1 miliwn o bobl. Bu cynnydd o 60 miliwn ym mhoblogaeth dinasoedd rhwng 1991 a 2001, ond roedd y cynnydd yn yr ardaloedd gwledig yn 113 miliwn. Mae'r 60 miliwn ychwanegol wedi achosi argyfwng yn yr isadeiledd trefol, ond mae ffordd o fyw'r boblogaeth dosbarth canol hefyd wedi ychwanegu at y broblem gyda'r cynnydd mewn ceir preifat a'r defnydd o nwyddau traul.

Newidiadau yn y math o weithgareddau economaidd

Mae dinasoedd yn India sydd ag 1 miliwn o bobl neu fwy wedi'u hintegreiddio i'r economi **fyd-eang**, ond mae dinasoedd llai o faint yn tueddu i ddibynnu ar yr economi leol.

Mudo i ardaloedd trefol a rhyngddibyniaeth poblogaethau gwledig a threfol

Mae cysylltiadau gwledig-trefol yn gryf yn India. Nid yw teithio 20-30 km i Mumbai, Kolkata a Chennai (Madras) yn anghyffredin. Mae aelodau o'r teulu yn dychwelyd i'w cartrefi gwledig i helpu gyda'r cynhaeaf, ac mae'r arian sy'n cael ei anfon gan drigolion trefol i ardaloedd gwledig yn gwneud cyfraniad sylweddol at leihau tlodi, er ei fod yn cynyddu tlodi trefol. Mae'r gwrthwyneb yn digwydd hefyd, wrth i deuluoedd gwledig anfon arian at berthnasau trefol er mwyn cefnogi myfyrwyr neu ddynion sy'n chwilio am waith.

Cynnig isadeiledd modern a gwasanaethau lles cymdeithasol

Mae'r sialensiau cymdeithasol yn cynnwys amddifadedd a thlodi, arwahanu a phroblemau sy'n gysylltiedig â thai, iechyd a throseddu. O ganlyniad, mae diffyg tai, carthffosiaeth annigonol, tlodi ac aflonyddwch cymdeithasol yn gyffredin yn y rhan fwyaf o aneddiadau trefol. Mae hyn yn golygu bod cynnal cyfundrefn drefol yn dasg anodd.

Cynyddu anghydraddoldeb o fewn ardaloedd trefol; y sector anffurfiol a thlodi trefol

Mae pobl dlawd yn cystadlu â'r dosbarth canol am dir i adeiladu tai, ar gyfer safleoedd trafnidiaeth a chanolfannau siopa. Mae'r sialensiau economaidd sy'n gysylltiedig â threfoli yn India yn cynnwys twf y sector anffurfiol, yr anawsterau o ddarparu gwasanaethau a chymryd mantais ar y gweithlu.

Byd-eang Mae Mumbai yn cael ei disgrifio fel dinas fyd-eang (mae'r termau dinas y byd neu ddinas alffa yn cael eu defnyddio hefyd). Credir bod dinasoedd byd-eang yn ddolenni cyswllt pwysig yn y system economaidd fyd-eang.

Wrth drafod anghydraddoldebau o fewn ardaloedd trefol, cofiwch gynnwys gwybodaeth am y lleoedd dan sylw ac osgoi cyfyngu eich ateb i un ddinas yn unig. Mae 60% o boblogaeth Mumbai yn byw mewn slymiau ar 6% o dir y ddinas. Nid yw dŵr glân y ddinas ar gael i un o bob tri o'r 17 miliwn o bobl sy'n byw yn Delhi.

Datblygiad cynaliadwy mewn dinasoedd

Mae pum dinas yn India wedi'u cynnwys yn y Rhaglen Dinasoedd Cynaliadwy fyd-eang: Chennai, Bangalore, Hyderabad, Delhi a Kolkata. Er mwyn sicrhau datblygiad cynaliadwy mewn dinasoedd, mae'n rhaid diogelu hawliau tai, darparu mynediad i gyfleusterau dinesig, iechyd cyhoeddus ac addysg, darparu dŵr yfed diogel, a gwella sicrwydd bwyd. Yn ogystal, rhaid sicrhau rhyddid rhag trais a bygwth a darparu rhaglenni nawdd cymdeithasol digonol.

1.5 Beth yw effeithiau globaleiddio ar India?

Effeithiau masnach fyd-eang ar yr economi genedlaethol

Mae economi India wedi newid llawer iawn ers 1991. Mae twf mewn allforion wedi cymryd lle'r lefelau uchel o ddiffynnaeth. Mae India yn creu cysylltiadau economaidd a gwleidyddol ledled y byd. Mae ganddi ddylanwad sylweddol ar fasnach y byd fel un o'r gwledydd cyntaf i lofnodi'r Cytundeb Cyffredinol ar Dollau a Masnach (*GATT: General Agreement on Tariffs and Trade*), y cytundeb a ragflaenodd y *WTO*. Mae India yn arwain y gwledydd sy'n datblygu mewn trafodaethau masnach byd-eang ac mae'n ceisio hyrwyddo trefn masnachu byd-eang fwy rhyddfrydol, yn enwedig ym maes gwasanaethau. Mae India wedi cyrraedd y deg uchaf yn rhestr y byd am allforio gwasanaethau ac mae'n enwog am ei masnach arbenigol mewn gwasanaethau TG. Erbyn hyn, mae India yn masnachu llai â Rwsia a dwyrain Ewrop a mwy gydag UDA, yr UE a dwyrain Asia. UDA a China yw prif bartneriaid masnachu India, ond mae hefyd yn datblygu cysylltiadau masnachu â gwledydd yn Affrica.

Effeithiau argyfwng dyled 1991 a'r addasu strwythurol

Fel y nodwyd, bu'n rhaid i Blaid y Gyngres a oedd yn llywodraethu ar y pryd fenthyg arian gan y Gronfa Ariannol Ryngwladol oherwydd argyfwng economaidd mawr yn 1991. Arweiniodd hyn at newid mawr yn yr economi, wrth i fuddsoddiadau uniongyrchol o dramor achosi globaleiddio economaidd yn India.

Twf *TNCs* yn India

Mae rhai diwydiannau, fel amddiffyn ac awyrofod, yn parhau i gael eu rheoli gan y wladwriaeth, ond mae llawer o sectorau gweithgynhyrchu, gan gynnwys gweithgynhyrchu cerbydau, nwyddau electronig ar gyfer defnyddwyr a nwyddau gwyn nawr yn agored i fuddsoddiad tramor uniongyrchol. Gall rhai cwmnïau o India sefydlu mentrau ar y cyd neu ddod yn is-gwmnïau o dan berchenogaeth lawn cwmnïau o dramor.

Agweddau croes ar fanteision globaleiddio i India

Mae manteision globaleiddio i India yn cynnwys buddsoddiad o dramor yn y diwydiannau fferyllol, petroliwm a gweithgynhyrchu, sydd wedi rhoi hwb sylweddol i economi India, wedi creu swyddi newydd ac wedi helpu i leihau lefelau diweithdra a thlodi. Mae cwmnïau o dramor yn dod ag uwch-dechnoleg i India, gan hybu lefelau technoleg yn niwydiannau'r wlad. O ganlyniad, mae masnach ryngwladol India wedi cynyddu, gan arwain at dwf mewn allforion, lefelau incwm uwch a gwelliannau i'r isadeiledd.

Fodd bynnag, mae globaleiddio wedi cael rhai effeithiau negyddol hefyd, fel rhagor o gystadleuaeth ym marchnad India rhwng cwmnïau o dramor a chwmnïau cartref. Mae effeithiau negyddol eraill yn cynnwys tuedd gynyddol defnyddwyr i brynu nwyddau o dramor

a'r ffaith fod y meysydd uwch-dechnoleg newydd yn defnyddio llai o lafur – yn enwedig ym maes gweithgynhyrchu trwm.

Effaith globaleiddio ar dlodion India

Mae globaleiddio wedi arwain at fwy o fwlch cymdeithasol a rhanbarthol. Mae datblygiad economaidd India, yn enwedig ers 1991, wedi arwain at ragor o anghydraddoldeb rhwng castiau a thaleithiau. Er bod India wedi datblygu yn nhermau diwydianeiddio cyflym, prynwriaeth a materoliaeth, mewn llawer o achosion nid yw'r 'cynnydd' hwn wedi cael effaith ar bawb. Mewn gwirionedd, mae llawer o bobl yn dlotach nag oedden nhw yn 1991 – yn enwedig yr *Adivasi* (y llwythau a'r castiau rhestredig a'r cymunedau brodorol), y gwerinwyr sydd heb dir a ffermwyr ar diroedd ymylol. Y sialens fwyaf i India yw ceisio sicrhau bod manteision twf economaidd yn cyrraedd y bobl dlawd iawn. Os yw India yn parhau i dyfu 8% y flwyddyn, bydd cyfraddau cyfartalog tlodi yn disgyn i ffigurau sengl ymhen 20 mlynedd. Byddai hyn yn gamp sylweddol, ond byddai'n parhau i guddio llawer o anghydraddoldebau economaidd sylfaenol ledled y wlad.

1.6 Beth yw'r sialensiau a'r atebion amgylcheddol sy'n wynebu India?

Achosion a chanlyniadau datgoedwigo, erydiad pridd, llygredd diwydiannol yn y dinasoedd mawr, defnydd cynaliadwy o adnoddau dŵr, a'r angen am gyflenwadau egni

Ar ôl annibyniaeth, cafodd coedwigoedd India eu gorddefnyddio yn fasnachol ar gyfer mwydion (*pulp*) a phapur, ac mae hyn yn parhau i ddigwydd. Mae ardaloedd enfawr wedi cael eu datgoedwigo, gan arwain at erydiad pridd difrifol. Mae adrannau coedwigoedd gwladol wedi mynd ati i ailblannu ardaloedd sylweddol, ond pren masnachol sydd wedi'i blannu'n bennaf – coed ewcalyptws, tîc a phîn. Er bod yr ardaloedd o dan orchudd coedwigaeth wedi cynyddu, nid yw'r colledion yn nhermau bioamrywiaeth yn gynaliadwy.

Mae afon Ganga (Ganges), sy'n bwysig iawn yn ysbrydol ac yn emosiynol i bobl India, wedi'i llygru'n ddifrifol. Yn 1984, lluniodd Adran yr Amgylchedd gynllun gweithredu i leihau'r llygredd. Dechreuodd y cynllun yn 1986 gyda'r nod o ryng-gipio, dargyfeirio a thrin 882 miliwn litr y dydd o ddŵr gwastraff. Ar ôl cydnabod bod angen diweddaru strategaeth gadwraeth yr afon, mae'r llywodraeth ganolog wedi rhoi statws 'Afon Genedlaethol' i'r Ganga, ac yn 2009 sefydlodd Awdurdod Cenedlaethol Basn yr Afon Ganga (*NGRBA: National Ganga River Basin Authority*). Mae gan yr awdurdod bwerau cynllunio, ariannu, monitro a chydgysylltu i leihau llygredd yn effeithiol a gwarchod yr afon.

Mae gan India ormod o ddŵr ond mae prinder dŵr hefyd. Mae'r ardaloedd sy'n gorlifo yn nhymhorau'r monsŵn, a'r bobl sy'n cael eu heffeithio, yn cynyddu bob blwyddyn. Mae cynnydd yn y galw am ddŵr mewn ardaloedd gwledig oherwydd amaethyddiaeth, gwell safonau byw a diwydianeiddio gwledig. Mae glawiad yn mynd yn fwy anghyson mewn llawer o ardaloedd lletgras gan fod y tymor monsŵn weithiau'n methu ac oherwydd newid yn yr hinsawdd (astudiwyd yn y cwrs UG, Uned G1).

Mae ateb y galw cynyddol am egni hefyd yn her fawr yn India. Dim ond pum gwlad yn y byd sydd â mwy o alw am egni nag India. Mae adnoddau glo sylweddol yn y wlad, ond mae'r adnoddau olew a nwy yn brin. Fodd bynnag, mae gan India botensial sylweddol ar gyfer manteisio ar adnoddau egni adnewyddadwy fel pŵer solar a gwynt a biodanwydd (o gansen siwgr).

Y cydbwysedd rhwng twf economaidd a datblygiad cynaliadwy

Mae'r broses o fynd i'r afael â thlodi gan reoli'r amgylchedd mewn ffordd gynaliadwy yn parhau i fod yn anodd. Yn dilyn Cynhadledd y CU ar yr Amgylchedd Dynol yn 1972, aeth India ati i greu Pwyllgor Cenedlaethol ar Gynllunio a Chydgysylltu'r Amgylchedd (*NCEPC: National Committee on Environmental Planning and Coordination*). Wedi hyn, cafodd materion amgylcheddol eu cynnwys yn y cynlluniau cenedlaethol 5 mlynedd. Sefydlwyd y Weinyddiaeth Amgylchedd a Choedwigoedd yn yr 1980au. Erbyn hyn, mae'r llywodraeth wedi sefydlu asiantaethau, swyddfeydd a sefydliadau i fynd i'r afael â'r gwaith ar lefel genedlaethol a thaleithiol.

Mae yna ddymuniad i wella'r amgylchedd, ond mae'n aml yn gallu gwrthdaro â gofynion eraill. Mae gwrthdaro o'r fath yn gallu achosi tensiynau rhwng adrannau'r llywodraeth; mae hyn yn wir am y rhan fwyaf o wledydd.

Mae India yn wynebu llawer o'r un problemau amgylcheddol â gwledydd sy'n datblygu. Mae'n wynebu'r sialens o geisio bodloni anghenion diwydianeiddio at ddibenion datblygiad mewn ffordd sy'n sicrhau cynaliadwyedd amgylcheddol. Mae cyfraddau newid trefol a gwledig yn ei gwneud hi'n anodd sicrhau bod y penderfyniadau gorau yn cael eu gwneud o ran yr amgylchedd. Mae democratiaeth India yn gallu arafu cynnydd. Er bod sialensiau amgylcheddol enfawr yn wynebu'r wlad, mae cynnydd yn cael ei wneud ar lefel genedlaethol a lleol.

Crynodeb

Ar ôl astudio'r testun hwn, dylech chi allu:

- rhoi golwg cyffredinol ar brif nodweddion ffisegol a demograffig India, gan gynnwys y gwahaniaethau yn lefelau datblygiad y taleithiau
- disgrifio sut ac egluro pam mae economi India yn newid
- disgrifio ac egluro'r sialensiau economaidd a chymdeithasol sy'n wynebu cymunedau gwledig yn India
- disgrifio ac egluro'r sialensiau economaidd a chymdeithasol sy'n wynebu cymunedau trefol yn India
- gwybod a deall effeithiau globaleiddio ar India
- gwybod a deall y sialensiau a'r atebion amgylcheddol sy'n wynebu India

Adran B: Ymholiad ymchwil unigol

Paratoi ar gyfer Adran B

Strwythur yr ymholiad ymchwil unigol

Mae Tabl 3 yn nodi'r amserlen y dylech ei dilyn. Bydd llawer yn dibynnu ar benderfyniad eich ysgol neu goleg i drefnu i chi sefyll yr arholiad ym mis Ionawr neu fis Mehefin.

Tabl 3 Amserlen ymholiad ymchwil unigol

Arholiad Ionawr	Amserlen	Arholiad Mehefin	Amserlen
Bydd yr athro yn cyflwyno'r themâu ymchwil ar gyfer y flwyddyn	Mehefin–Gorffennaf ar ddiwedd yr UG	Bydd yr athro yn cyflwyno'r themâu ymchwil ar gyfer y flwyddyn	Mehefin–Gorffennaf ar ddiwedd yr UG
Cadarnhau pa destun rydych chi wedi'i ddewis	Gorffennaf, cyn diwedd y tymor	Cadarnhau pa destun rydych chi wedi'i ddewis	Medi neu Ragfyr
Gwneud yr ymchwil	Awst a/neu Medi Blwyddyn 13	Gwneud yr ymchwil	Hydref–Rhagfyr Blwyddyn 13 neu Ionawr–Chwefror Blwyddyn 13
Prosesu data, llunio'r adroddiad a'i ysgrifennu	Hydref–Tachwedd Blwyddyn 13	Prosesu data, llunio'r adroddiad a'i ysgrifennu	Chwefror–Ebrill Blwyddyn 13
Eich gwaith yn cael ei asesu'n fewnol i wneud yn siŵr bod cyfle i chi ateb cwestiynau amdano	Rhagfyr	Eich gwaith yn cael ei asesu'n fewnol i wneud yn siŵr bod cyfle i chi ateb cwestiynau amdano	Ebrill–Mai
Diwygio eich ymchwil fel eich bod yn gallu ateb cwestiynau	Wythnosau cyntaf Ionawr	Diwygio eich ymchwil fel eich bod yn gallu ateb cwestiynau	Diwedd Mai
Sefyll yr arholiad	Diwedd Ionawr	Sefyll yr arholiad	Dechrau Mehefin

Ymchwil cyn penderfynu

Dyma gam allweddol o'ch gwaith. Wrth benderfynu pa faes testun hoffech chi ymchwilio iddo, dylech ystyried y cwestiynau canlynol:

- *Beth yw fy niddordebau a pha bynciau U2 eraill sydd â chysylltiad â'r rhestr o themâu ymchwil?* Er enghraifft, os ydych chi'n astudio seicoleg, mae'n bosibl y bydd gan Seicoleg Amgylcheddol gysylltiad â rhai o'ch astudiaethau. Neu mae'n bosibl y bydd Daearyddiaeth Trosedd ac Amddifadedd o ddiddordeb i fyfyrwyr cymdeithaseg. Efallai y bydd Llygredd Atmosfferig a Llygredd Dŵr yn apelio at fyfyrwyr Cemeg.
- *Pa thema sydd o ddiddordeb i mi?* Os nad oes llawer o fyfyrwyr yn eich dosbarth, mae'n debyg y bydd gennych lai o ddewis.
- *Ar ôl dewis thema, a ydw i wedi ei thrafod gyda'r athro er mwyn cael cefnogaeth yr athro?* Bydd rhai adrannau yn cyfyngu ar y dewis o themâu am resymau logistaidd.
- *A oes gen i destun ymchwil posibl sy'n gysylltiedig â'r thema? Mae gwefan CBAC yn nodi rhai awgrymiadau. Maen nhw'n cael eu diweddaru bob blwyddyn* (**www.cbac.co.uk/index.php?subject=56&level=21**). Mae Tabl 4 yn nodi rhai enghreifftiau.
- *A ydw i wedi derbyn neu wedi dod o hyd i ddeunydd darllen cefndir ar y thema?* Dylai'r deunydd gynnwys erthyglau a gwerslyfrau, yn ogystal â chwiliadau'r rhyngrwyd.
- *A oes pobl eraill yn y dosbarth sy'n ymchwilio i destunau tebyg?* Os oes, mae'n debyg y bydd yr athro yn disgwyl i chi wneud rhai tasgau ymchwil i'r cefndir a chasglu data fel grŵp.
- *A ydw i wedi pennu amserlen ar gyfer fy ymchwil?* Ni ddylech adael pethau tan y munud olaf. Mae'r amserlen yn dynn. Cofiwch fod gwaith ymchwil yn 90% chwysu a 10% ysbrydoliaeth!
- Yn olaf, *a ydw i'n deall y llwybr ymholi/dilyniant yr ymholi?*

Llwybr/dilyniant ymholi

Mae pum cam i'r fframwaith ar gyfer yr ymchwiliad:

(1) Camau cynllunio'r ymchwiliad.

(2) Casglu data.

(3) Mireinio ac arddangos data.

(4) Disgrifio, dadansoddi a dehongli.

(5) Casgliad a gwerthuso.

Mae rhagor o wybodaeth am y camau hyn ar gael gan CBAC yn y ddogfen, 'Agwedd ymholi y gellir ei chymhwyso i G1, G2 a G3B' (**www.cbac.co.uk/uploads/publications/9233.doc**) a hefyd rhifyn 5 y Cylchgrawn Daearyddol Digidol (**www.aber.ac.uk/cy/caa/web-projects/issue5**)

Gall cwestiynau arholiad ganolbwyntio ar unrhyw agwedd ar y broses hon neu ofyn am thema yn eich ymchwil, e.e. sut defnyddiwyd TGCh neu rifedd.

Cynllunio, ymchwilio i gefndir a dewis teitl ar gyfer y testun

Er mwyn ymchwilio'n dda i gefndir y pwnc, mae angen darllen yn eang amdano a pharatoi yn fanwl.

- Un man cychwyn posibl yw defnyddio teitl y maes testun i ymchwilio ar y rhyngrwyd. Wrth ddefnyddio'r we, dylech wneud yn siŵr eich bod yn gwybod beth yw tarddiad y wybodaeth a pha mor ddibynadwy yw'r ffynhonnell, yn ogystal â pha mor unllygeidiog yw'r wybodaeth. Mae'n bosibl y bydd cwmnïau a sefydliadau sy'n awyddus i gadw eu henw da yn strwythuro gwybodaeth mewn ffordd sy'n eu portreadu yn ffafriol. Mae gan wefan y Gymdeithas Ddaearyddol Frenhinol ddolen i *Geography Now* (**www.rgs.org/now**), sy'n cynnwys erthyglau ar destunau fel 'mynd i'r afael â thlodi', sy'n gefndir delfrydol ar gyfer gwaith ar amddifadedd, neu 'adfer afonydd trefol', sy'n gallu cynnig syniadau da i rywun sy'n ymchwilio i afonydd. Gallai myfyriwr sy'n gwneud gwaith ymchwil trefol ar destun yn ymwneud ag amddifadedd, adwerthu, seicoleg amgylcheddol a throseddu fanteisio ar Google Streetview, sy'n cynnwys lluniau fideo o strydoedd yn y rhan fwyaf o ardaloedd trefol y DU a llawer o aneddiadau llai.
- Darllenwch werslyfr ar y testun. Er enghraifft, mae *Managing Ecosystems* (A. Kidd, Hodder & Stoughton, 1999) yn fan cychwyn posibl ar gyfer gwaith ar ecosystemau ar raddfa fechan. Mae cyfres *Discovering Cities* y Gymdeithas Ddaearyddol yn cynnig syniadau ar themâu amddifadedd, adwerthu a hamdden mewn dinasoedd fel Bryste, Lerpwl, Manceinion, Portsmouth, Sheffield a Nottingham.
- Edrychwch ar y cyfnodolion yn adran ddaearyddiaeth eich sefydliad. Mae'r canlynol yn ffynonellau gwybodaeth defnyddiol:
  - *Geography Review*. Er enghraifft, yn rhifyn mis Mai 2004 roedd erthygl o'r enw 'Investigating coastal sand dunes', sy'n addas iawn ar gyfer y thema Ecosystemau ar Raddfa Fechan.
  - *Topic Eye*. Mae'r erthyglau yng nghyfres 2012-13 yn canolbwyntio ar falaria, amrywiadau rhanbarthol mewn iechyd a thwristiaeth fel proses ddatblygu.
  - *The Geographical*. Er enghraifft, roedd rhifyn mis Chwefror 2009 yn cynnwys erthygl gan P. Thomas, golygydd *The Ecologist*, sef 'The trouble with travel', a allai ddechrau gwaith ymchwil ar Hamdden ac Adloniant.
- Os yw eich astudiaeth yn cynnwys gwaith maes, pa fath o gyfarpar sydd ei angen arnoch chi? A fyddwch chi'n gallu cwblhau'r gwaith maes ar eich pen eich hun, neu a fydd angen cymorth gan ffrindiau ac aelodau'r dosbarth arnoch chi? Ydych chi'n gwybod sut i ddefnyddio'r cyfarpar? A yw'r ysgol yn gadael i chi ddefnyddio'r cyfarpar heb oruchwyliaeth gan aelod o staff?
- Os oes angen gwaith maes ar gyfer y testun, dylech ddewis ac ymweld â'r safle/safleoedd ar gyfer eich astudiaeth.

- Dylech baratoi unrhyw ddalennau casglu data sydd eu hangen arnoch i gofnodi eich canfyddiadau. Os ydych chi'n bwriadu defnyddio holiaduron, dylech lunio'r cwestiynau ymlaen llaw a'u gofyn i'ch athrawon a'ch cyd-fyfyrwyr fel arbrawf. Pa system samplu fyddwch chi'n ei defnyddio? Bydd rhaid i chi ddeall manteision ac anfanteision gwahanol fathau o samplu ar gyfer yr arholiad.
- Pa risgiau sy'n gysylltiedig â'r gwaith? Dylech asesu'r risgiau a dylai eich ysgol eich helpu gyda'r gwaith. Os yw'r testun yn ymwneud ag Afonydd neu Ecosystemau ar Raddfa Fechan, mae'n bosibl y bydd rhaid i chi edrych ar ragolygon y tywydd; os ydych yn astudio morfeydd heli arfordirol neu afonydd llanw, dylech wybod beth yw amseroedd y llanw.
- Dylech benderfynu pryd byddwch yn ymgymryd â'r gwaith maes neu pryd byddwch yn mynd ati i weithio ar eich ymchwil.
- Dylech wneud yn siŵr bob amser bod gennych ganiatâd i fynd i mewn i unrhyw eiddo neu ardal.
- Dylech wneud yn siŵr bod y testun yn hawdd i'w ddeall ac nad yw'n rhy hir na chymhleth. Mae'n rhaid i chi allu rheoli'r astudiaeth. Mae Tabl 4 yn nodi rhai testunau syml.
- Dylech wneud yn siŵr eich bod yn neilltuo digon o amser ar gyfer:
  - casglu data
  - ailymweld â safleoedd neu ffynonellau er mwyn gwella cywirdeb
  - ysgrifennu eich gwaith ymchwil
- Dylech greu 'cyllideb amser' gyda'ch athro ar gyfer y gwaith.

Tabl 4 Testunau posibl ar gyfer eich ymholiad ymchwil unigol

Testun posibl	Thema ymchwil
A oes perthynas rhwng symiau ac ansawdd gofod gwyrdd a dewis preswylwyr?	Seicoleg Amgylcheddol
A oes perthynas rhwng dwysedd adeiladu a thymheredd mewn ardal drefol?	Microhinsoddau
A yw darpariaeth adwerthu yn amrywio yn ôl maint yr anheddiad wledig?	Daearyddiaeth Adwerthu
Pa mor bwysig yw rôl dŵr yn y broses o drosglwyddo malaria?	Daearyddiaeth Afiechydon
Patrymau troseddu sy'n gysylltiedig ag alcohol a phlismona	Daearyddiaeth Trosedd
Amrywiadau ansawdd dŵr afonydd	Llygredd Atmosfferig a Llygredd Dŵr
Cyferbyniadau patrymau llystyfiant y draethlin	Ecosystemau ar Raddfa Fechan

Byddai angen gwneud gwaith maes a chasglu data cynradd ar gyfer sawl un o'r testunau hyn, ac mae'r pedwerydd testun sy'n cael ei grybwyll yn dibynnu ar ffynonellau eilaidd da.

Casglu'r wybodaeth: dulliau casglu data

Ydych chi'n gwybod ble byddwch chi'n casglu'r wybodaeth? Ydych chi'n gwybod pam eich bod yn casglu'r wybodaeth? Ar gyfer pa ran o'r testun byddwch chi'n defnyddio'r wybodaeth? Ydych chi'n gallu disgrifio eich dulliau o gasglu gwybodaeth a data a chyfiawnhau eich defnydd o'r dulliau hyn?

Cyflwyno'r wybodaeth ac ysgrifennu'r adroddiad

Ar ôl i chi gasglu eich data bydd rhaid i chi brosesu a dehongli'r canfyddiadau. Os yw sawl un o'ch cyd-fyfyrwyr yn astudio testunau tebyg, gallech drefnu i'w cyfarfod, gyda neu heb eich tiwtor, i gyfnewid gwybodaeth. Bydd fformat 'seminar' yn helpu pawb i ddeall yr ymchwil yn llawn a bydd yn debygol o roi syniadau newydd i chi. Bydd y tiwtor yn eich arwain ond ni fydd yn rhoi'r holl atebion i chi.

Cofiwch brif ganfyddiadau eich adroddiad. Maen nhw'n rhan hanfodol o atebion rhan (b).

Mae'n ddefnyddiol yn aml i lunio graff neu fap neu brosesu'r ystadegau wrth gyflwyno gwybodaeth. Mae map anodedig o'r lleoliad yn hanfodol ar gyfer yr astudiaeth oherwydd bydd rhaid i chi nodi testun a lleoliad eich ymchwiliad yn yr arholiad. Mae hyn yn arbennig o bwysig ar gyfer astudiaethau sy'n cynnwys data cynradd ac astudiaethau maes. Dylech ddarllen dau destun perthnasol y Gymdeithas Ddaearyddol: *Methods of Analysis of Fieldwork Data* a *Methods of Presenting Fieldwork Data*.

Pa fath o ddiagramau y gallech eu defnyddio?

- **Graffiau**. Graff llinell, histogram, siart cylch (ond peidiwch â'u gorddefnyddio), graff gwasgariad, cromlin mynychder, hyd-doriadau, trawstoriadau, a graff triongl.
- **Mapiau**. Lleoliad, coropleth, isopleth, llif, dosbarthiad, a mapiau perthnasol sydd wedi'u cyhoeddi, fel cynlluniau Goad ar gyfer canolfannau siopa.
- **Ffotograffau**. Mae amrywiaeth eang o luniau yn bosibl, gan gynnwys lluniau lloeren, lluniau arosgo a fertigol o'r awyr, lluniau Google Earth a Google Streetview, neu eich ffotograffau eich hun. Mae cymuned rhannu ffotograffau ar-lein Panoramio (**www.panoramio.com**) yn ffynhonnell arall o luniau da.
- **Dulliau ystadegol**. Mae'n bosibl y bydd data ystadegol a phrawf-ddata yn addas ar gyfer eich astudiaeth. Mae cymedr, canolrif, modd, gwyriad safonol, graddio a phwysoli data, matrics gwrthdaro, cydberthyniad rhestrol Spearman, chi sgwâr a dadansoddiadau deubegwn deongledig i gyd yn ddefnyddiol. Dylech chi ddeall y dulliau samplu a ddefnyddiwyd i gasglu data.

Dehongli'r wybodaeth

Ar ôl casglu'r data, dylech eu defnyddio i dynnu casgliadau petrus ac asesu dilysrwydd y casgliadau. Mae'r cam gwerthuso hwn yn hollbwysig oherwydd bydd cwestiynau'n cael eu gofyn am yr agwedd hon ar yr adroddiad.

Ysgrifennu'r adroddiad

Nid oes rhaid i chi lunio adroddiad ysgrifenedig, ond bydd gwneud hynny'n tynnu ynghyd holl elfennau eich ymchwiliad ymchwil. Trwy lunio adroddiad tua 2,000-2,500 o eiriau, byddwch yn cwblhau eich astudiaeth, ac yn bwysicach na hynny, yn creu dogfen adolygu. Bydd yr adroddiad yn darparu'r ffynhonnell wybodaeth, y ddealltwriaeth, y cymhwysiad a'r sgiliau sy'n cael eu defnyddio gan yr arholwr i ddyfarnu marc i chi (Tabl 5).

Tabl 5 Sut mae'r marciau'n cael eu dyrannu am ddwy ran Adran B

	Gwybodaeth a dealltwriaeth	Cymhwysiad	Sgiliau	Cyfanswm
Uned G3 Adran B Cyfanswm y marciau	9	6	10	25
Rhan (a)	4	2	4	10
Rhan (b)	5	4	6	15

Paratoi ar gyfer yr arholiad

Dylech adael i'ch athro asesu eich gwaith oherwydd bydd yn gallu rhoi arweiniad i chi ar eich gwaith adolygu ar y testun yn barod ar gyfer yr arholiad. Bydd y cwestiynau posibl ar faes y testun yn ymwneud â methodoleg yr astudiaeth ymchwil (rhan a) a chanfyddiadau eich gwaith ymchwil (rhan b). Mae'r arholiad yn cymryd yn ganiataol eich bod wedi cwblhau gwaith

> **Cyngor yr arholwr**
> Mae'n bwysig iawn gwybod am eich astudiaeth. Byddwch yn ennill marciau am ddadansoddi, dehongli a gwerthuso gwybodaeth, materion a safbwyntiau daearyddol, ac am eich gallu i gymhwyso eich astudiaeth i faes daearyddiaeth ehangach.

ymchwil unigol, gan gynnwys gwaith maes o bosibl, a'ch bod yn gallu nodi a dadansoddi'r cysylltiadau rhwng yr agweddau gwahanol ar ddaearyddiaeth, a dadansoddi a syntheseiddio gwybodaeth ddaearyddol ar amrywiol ffurfiau ac o ffynonellau gwahanol. Mae'r arholwr yn disgwyl i chi allu gwerthuso a myfyrio ar gryfderau a chyfyngiadau eich ymholiad ym mhob cam, sef y camau cynllunio, casglu data, cyflwyno data, canlyniadau, casgliadau ac ail-werthuso'r testun ar y diwedd.

Gwybodaeth a dealltwriaeth

Er mwyn ennill marciau am wybodaeth a dealltwriaeth, sef 50% o'r marciau yn rhan (a) a 46% o'r marciau yn rhan (b), mae'n rhaid i'ch atebion ddangos eich bod:
- yn deall y cysyniadau allweddol sy'n berthnasol i'ch thema
- yn deall ystyr y termau sy'n berthnasol i'ch astudiaeth
- yn deall y prosesau sydd ar waith yn eich astudiaeth
- yn deall y gydberthynas rhwng ffactorau yn eich astudiaeth
- yn gallu egluro ble'r oeddech chi wedi cwblhau eich astudiaeth, faint o amser a gymerodd a beth oedd eich casgliadau
- yn deall y dulliau casglu data a ddefnyddiwyd gennych a'r dulliau a ddefnyddiwyd i ddehongli'r wybodaeth
- yn gwybod am astudiaethau eraill o fewn eich maes testun

Dealltwriaeth

Byddwch yn ennill marciau os yw eich atebion yn dangos eich bod yn gwybod sut i ddadansoddi, dehongli, ac yn bennaf oll, gwerthuso'r wybodaeth sy'n deillio o'ch gwaith ymchwil. Wrth werthuso a myfyrio'n feirniadol ar eich agwedd at y testun ac ar gyfyngiadau eich agwedd a'ch dulliau, byddwch yn dangos eich gallu i roi o'ch gorau i'r astudiaeth. Wrth ymchwilio i'r themâu dynol bydd gennych gyfle hefyd i ennill marciau am ddeall safbwyntiau pobl.

Sgiliau

Bydd adran olaf y marciau yn canolbwyntio ar y sgiliau rydych chi wedi'u dangos yn eich atebion – sgiliau ymchwilio yn bennaf. Er mwyn cyfleu canfyddiadau eich ymchwil mewn arholiad mae'n rhaid i chi allu ysgrifennu rhyddiaith. Gall rhai cwestiynau hefyd brofi eich dealltwriaeth o'r sgiliau casglu a phrosesu data a ddefnyddiwyd yn ystod eich ymchwiliad.

Arholiad G3B

Bydd pob cwestiwn yn Adran B yn archwilio'r un testunau, pa bynnag thema ymchwil rydych chi wedi'i hastudio.

Bydd y cwestiynau yn **rhan (a)** yn canolbwyntio ar agweddau ar ddilyniant neu lwybr yr ymholiad. Mae'n bosibl y byddwch yn cael eich holi am agweddau ar gasglu data; er enghraifft: *Disgrifiwch a chyfiawnhewch ddulliau gwahanol o gael gafael ar wybodaeth a allai gael eu defnyddio i ymchwilio i ddosbarthiad troseddau* (bydd yr un teitl yn union yn ymddangos ar gyfer pob thema ymchwil – beth bynnag yw ei natur, er enghraifft, Daearyddiaeth Afiechydon, neu Afonydd). Gall cwestiynau eraill ar gasglu data ganolbwyntio ar sut aethoch ati i osgoi bod yn unllygeidiog, eich dulliau samplu, neu werthusiad beirniadol o'ch dulliau casglu data. Mae'n rhaid i chi nodi teitl eich ymchwiliad ar ddechrau eich ateb i **ran (b)** o'r cwestiwn. Bydd y rhan hon yn gofyn i chi ysgrifennu am ganfyddiadau eich astudiaeth unigol bob amser.

Dyma rai cwestiynau a allai gael eu gofyn trwy ddefnyddio camau *Llwybr neu ddilyniant ymholi* a amlinellir ar dudalennau 62-63.

- Sut gwnaethoch chi gynllunio eich ymchwiliad ymchwil personol?
- Gwerthuswch yn feirniadol eich gwaith cynllunio ar gyfer eich ymchwiliad ymchwil personol.
- Gwerthuswch y ffynonellau cynradd neu eilaidd gwnaethoch eu defnyddio ar gyfer eich ymchwiliad personol i…
- Disgrifiwch ac eglurwch y ffynonellau gwnaethoch eu defnyddio yn eich ymchwiliad ymchwil.
- Sut gwnaethoch chi osgoi bod yn unllygeidiog naill ai wrth gasglu eich data cynradd eich hun neu wrth ddefnyddio ffynonellau eilaidd?
- Sut gwnaethoch chi drefnu'r data a gasglwyd er mwyn ateb amcanion eich testun?
- Gwerthuswch y dulliau o gyflwyno data gwnaethoch chi eu defnyddio yn eich ymchwiliad ymchwil personol i…
- Eglurwch sut gwnaethoch ddefnyddio'r data a gasglwyd gennych yn eich ymchwiliad personol er mwyn ymchwilio i'r testun a ddewiswyd gennych.
- Gwerthuswch yn feirniadol y data a ddefnyddiwyd yn eich ymchwiliad personol.
- Beth oedd casgliadau eich ymchwiliad ymchwil?
- Gwerthuswch gasgliadau eich ymchwiliad ymchwil. Pa mor sicr ydych chi fod y casgliadau'n ddilys?

Gallech ofyn rhai o'r cwestiynau canlynol am eich ymholiad:

- I ba raddau oedd casgliadau eich ymchwiliad ymchwil yn debyg i'r casgliadau yn y llenyddiaeth y buoch yn eu darllen cyn dechrau? Os nad oedden nhw'n debyg, beth oedd y rheswm dros hynny?
- A ydw i wedi darllen am y thema a'r maes testun ac ymchwilio iddynt yn drylwyr?
- A ydw i wedi cynllunio'r ymholiad yn ofalus?
- Pa ffynonellau o wybodaeth sydd eu hangen arna i?
- Pryd, ble a sut byddaf yn casglu'r data?
- A ydw i wedi defnyddio amrywiaeth o dechnegau addas i gyflwyno'r data?
- Beth mae'r data yn ei ddangos i mi?
- Beth yw prif ganfyddiadau fy ymchwil?
- Beth ydw i wedi'i ddysgu o ganlyniad i gyflawni fy astudiaeth ymchwil?
- Beth yw cyfyngiadau fy ymholiad?
- Sut gallwn i wella fy ymholiad?

Cofiwch

Nod yr ymholiad ymchwil unigol yw rhoi cyfle i chi *ddysgu ar eich liwt eich hun o dan arweiniad yr athro*. Mae'n seiliedig ar lwybr neu ddilyniant ymholi (gweler tudalennau 62-63). Drwy gydol eich gwaith ymchwil, mae'n rhaid i chi ddangos gwerthfawrogiad beirniadol o'r data ac o unrhyw duedd bosibl. Ymchwiliad ar raddfa fechan yw hwn, felly peidiwch â bod yn rhy uchelgeisiol. Dylech drafod â'ch athro yn rheolaidd a gofyn am arweiniad. Peidiwch â gwneud y gwaith trwy gopïo o'r rhyngrwyd yn unig – ni fydd hyn yn eich helpu i ateb cwestiynau'r arholiad. Cofiwch hefyd na fydd eich athro yn gwybod yn union pa gwestiynau sy'n mynd i ymddangos yn yr arholiad, felly peidiwch â dibynnu ar awgrymiadau'r athro yn unig wrth adolygu.

Cwestiynau ac Atebion

Paratoi ar gyfer prawf yr uned

Mae **G3A** yn archwilio eich gwybodaeth a'ch dealltwriaeth o ddwy thema gyfoes yr ydych chi wedi'u hastudio, a bydd yn profi eich gallu i nodi a dadansoddi'r cysylltiadau rhwng y themâu hyn a'r agweddau perthnasol ar ddaearyddiaeth rydych chi eisoes wedi'u hastudio fel rhan o'ch cwrs Daearyddiaeth – o'r enw **synoptigrwydd**. Mae **G3B** yn archwilio eich gallu i ymchwilio i destun penodol sydd â chysylltiadau synoptig pwysig â themâu'r papur hwn a themâu'r papurau UG. Er mwyn ennill A* yn U2, mae'n rhaid i chi ddangos i'r arholwr fod gennych wybodaeth gadarn iawn am y thema gyfoes rydych chi wedi'i hastudio a'ch bod yn deall yn glir y diffiniadau a'r cyd-destunau sy'n ganolog i'r testunau rydych chi wedi'u hastudio.

Yn ogystal, mae'n rhaid i chi ddatblygu gwybodaeth gadarn am **astudiaethau achos** perthnasol, ategol a'r gallu, lle bo hynny'n berthnasol, i lunio diagramau anodedig clir, perthnasol a chywir sydd wedi'u cynnwys yn effeithiol yn eich atebion. Mae'n hollbwysig eich bod yn defnyddio'r eirfa gywir hefyd. Gallai llunio rhestr o'r **termau allweddol** fod yn ddefnyddiol: dylech ddefnyddio gwerslyfrau, nodiadau athrawon a nodiadau gwersi personol i lunio geirfa o dermau daearyddol perthnasol. Gallwch wella eich gwybodaeth a'ch dealltwriaeth o'r pwnc a'ch techneg arholiad drwy ddefnyddio nodiadau cyngor yr arholwr, gwirio gwybodaeth, diffiniadau a chrynodebau yn y llyfr hwn hefyd.

Gan mai uned U2 yw hon, bydd disgwyl i chi ddarllen yn eang am y thema gyfoes rydych chi'n ei hastudio er mwyn ymestyn a gwella eich cronfa o wybodaeth. Dylech chwilio am erthyglau perthnasol mewn cylchgronau fel *Geography Review* a *The Geographical*, gwerslyfrau daearyddiaeth perthnasol, papurau newydd o safon a gwefannau fel HWB (**https://hwb.wales. gov.uk/Find%20it/Pages/Home.aspx**).

Prawf yr uned

Amseru

Mae'r arholiad yn 2 awr a 15 munud o hyd ac mae'n gyfrifol am 60% o'ch dyfarniad U2, ond mae'n cael ei rannu'n ddwy ran:
- Adran A: Themâu Cyfoes mewn Daearyddiaeth, sy'n 1 awr a 30 munud o hyd.
- Adran B: Ymchwil mewn Daearyddiaeth, sy'n 45 munud o hyd.

Bydd dwy ran yr arholiad yn cael eu dosbarthu ar wahân yn yr ystafell arholi. *Bydd goruchwylwyr yr arholiad yn casglu atebion Adran A cyn i chi dderbyn y papur ar wahân ar gyfer Adran B.*

Yn Adran A, mae'n rhaid i chi ateb dau gwestiwn sy'n werth 25 marc yr un, gan rannu eich amser yn gyfartal a threulio 45 munud ar bob cwestiwn. Yn Adran B, mae'n rhaid i chi ateb cwestiwn gorfodol sydd â dwy ran ac sy'n seiliedig ar y thema ymchwil a'r maes testun o'ch dewis. Mae cwestiwn rhan (a) yn gwestiwn generig sy'n werth 10 marc ac sy'n archwilio eich dealltwriaeth o'r dull ymholi, tra bod rhan (b) yn gwestiwn sy'n werth 15 marc a fydd yn archwilio canfyddiadau eich testun ymchwil penodol. Felly, bydd angen i chi dreulio 18 munud (ychydig yn llai nag 20 munud) ar gwestiwn (a) a 27 munud (ychydig dros 25 munud) ar gwestiwn (b).

Dewis o gwestiynau

Adran A

Mae Adran A yn bapur traethawd, mewn dwy ran gydag wyth cwestiwn ym mhob rhan. Mae'n rhaid i chi ateb un cwestiwn o Themâu Cyfoes Ffisegol 1-3, ac un cwestiwn o Themâu Cyfoes Dynol 4-6. Mae pob cwestiwn yn werth 25 marc neu 40 Graddfa Marciau Unffurf (GMU) (cyfanswm 80 GMU).

Mae themâu 1-3 (Cwestiynau 1-8) yn seiliedig ar y Themâu Cyfoes Ffisegol canlynol:
- Thema 1 Amgylcheddau eithafol: diffeithdiroedd a thwndra
- Thema 2(a) Tirffurfiau rhewlifol a'u rheolaeth *neu*
- Thema 2(b) Tirffurfiau arfordirol a'u rheolaeth
- Thema 3 Peryglon hinsoddol

Mae themâu 4-6 (Cwestiynau 9-16) yn seiliedig ar y Themâu Cyfoes Dynol canlynol:
- Thema 4 Datblygiad
- Thema 5 Globaleiddio
- Thema 6(a) Asia Ddatblygol: China *neu*
- Thema 6(b) Asia Ddatblygol: India

Adran B

Mae'r rhan hon o'r fanyleb yn rhoi cyfle i chi wneud gwaith ymchwil unigol a gwaith y tu allan i'r dosbarth, gan gynnwys gwaith maes yn ymwneud â thestun sy'n cael ei ddewis ymlaen llaw ar un o'r themâu ymchwil isod.

Mae'n rhaid i chi ateb cwestiwn gorfodol sydd â dwy ran ac sy'n seiliedig ar y thema ymchwil a'r maes testun a ddewiswyd gennych. Mae'n bosibl y byddwch wedi ymchwilio i destun gwahanol i bawb arall yn eich dosbarth/grŵp gan y byddwch wedi eich annog i ymchwilio i destun sydd o ddiddordeb penodol i chi. Fodd bynnag, mae'n bosibl y bydd eich tiwtor wedi dewis yr un testun ymchwil i bawb yn eich dosbarth. Mae'r cwestiwn dwy ran gorfodol hwn yn werth 25 marc neu 40 GMU.

Mae'r adran hon o'r arholiad yn gyfle i chi astudio maes sydd o ddiddordeb personol i chi. Er bydd eich athro yn ysbrydoli ac yn arwain y gwaith, mae'n gyfle i chi ddangos eich gallu i ymchwilio i destun penodol, naill ai yn y maes neu drwy wneud gwaith ymchwil yn y llyfrgell ac ar y rhyngrwyd.

Gallwch ddewis un o'r deg thema sy'n cael eu rhestru yn Nhabl 6. Bydd gan bob thema faes testun ar gyfer y flwyddyn y byddwch yn sefyll eich arholiadau U2 (bydd maes testun arholiad mis Ionawr a mis Mehefin yr un fath). Dim ond un maes testun sydd angen i chi ei ymchwilio. Yna, yn yr arholiad byddwch yn ateb cwestiynau ar faes testun eich ymchwiliad.

Tabl 6 Themâu a meysydd testun enghreifftiol

Thema	Maes testun 2012	Maes testun 2013
Daearyddiaeth Trosedd	Rheoli trosedd	Trosedd mewn ardaloedd gwledig
Amddifadedd	Amddifadedd mewn ardaloedd gwledig	Newidiadau gofodol a/neu amseryddol mewn amddifadedd
Daearyddiaeth Afiechydon	Effeithiau afiechyd dynol	Amrywiadau gofodol mewn afiechydon
Seicoleg Amgylcheddol	Rhywedd a chanfyddiad amgylcheddol	Effaith yr amgylchedd ar ymddygiad
Hamdden ac Adloniant	Defnyddio mannau gwyrdd	Cyferbyniadau gwledig/trefol mewn hamdden ac adloniant
Microhinsoddau	Microhinsoddau coetir	Microhinsoddau uwchdir
Llygredd Atmosfferig a Llygredd Dŵr	Llygredd aer	Llygredd yr amgylchedd morol
Daearyddiaeth Adwerthu	Trefi wedi'u clonio	Siopa ar gyrion y dref
Afonydd	Llifogydd	Tirffurfiau mewn dyffrynnoedd afon
Ecosystemau ar Raddfa Fechan	Ecosystemau coetir	Hydroserau a/neu haloserau

Mae'n rhaid i chi ddewis un maes testun a gwneud gwaith ymchwil o dan deitl sy'n addas yn eich barn chi a barn eich athro. Gallwch gyflwyno'r teitl a ddewiswyd gennych i gael ei gymeradwyo gan y Prif Arholwr trwy lenwi ffurflen gymeradwyo ar wefan Daearyddiaeth CBAC (**www.cbac.co.uk/index.php?subject=56&level=21**). Mae'n bwysig dewis eich teitl yn ofalus er mwyn creu gwaith ymchwil o safon uchel gan fod cwestiwn yr arholiad yn werth 40 GMU, neu 10% o gyfanswm eich marciau Safon Uwch. I gael gweld rhestr o'r meysydd testun diweddaraf, edrychwch ar dudalen Daearyddiaeth TAG UG/U ar wefan CBAC.

Sut mae atebion yn cael eu marcio

Mae cwestiynau **Adran A** yn cael eu marcio ar bum lefel.

Lefel	Disgrifiad o'r ansawdd	Ystod y marciau	Beth mae arholwyr yn chwilio amdano
5	Da iawn	21-25	Gwybodaeth a dealltwriaeth dda iawn wedi'u defnyddio'n feirniadol. Gallu i werthuso dadleuon. Enghreifftiau da, gwreiddiol o bosibl. Traethawd clir, dealladwy sy'n ramadegol gywir. Diagramau a llinfapiau da lle bo hynny'n berthnasol.
4	Da	16-20	Gwybodaeth a dealltwriaeth dda gyda rhywfaint o ymwybyddiaeth feirniadol. Gwerthuso mwy anghyson. Mae'r traethawd wedi'i strwythuro'n glir, yn defnyddio iaith dda ond yn cyflwyno dadleuon yn synhwyrol yn hytrach nag yn gryf. Nid yw'r diagramau a'r mapiau perthnasol yn cael eu labelu'n llawn bob amser.
3	Gweddol	11-15	Yn dangos gwybodaeth a dealltwriaeth ond rhai pwyntiau heb eu datblygu'n llawn a heb enghreifftiau ategol o bosibl. Yn defnyddio testun neu enghreifftiau wedi'u dysgu o ansawdd amrywiol. Mae'r iaith yn gymharol syml ac mae angen cynnwys dadleuon daearyddol mwy cymhleth.
2	Isel	6-10	Rhywfaint o wybodaeth a dealltwriaeth sy'n amlygu bylchau a chamsyniadau. Mae'r ateb yn rhy gyffredinol ac nid oes digon o enghreifftiau, diagramau a mapiau ategol. Mae safon yr iaith yn amrywio ac yn cynnwys rhai camgymeriadau.
1	Gwan	1-5	Gwybodaeth a dealltwriaeth sylfaenol iawn sydd heb dystiolaeth ategol. Mae'r ateb yn dangos nad yw'n deall y cwestiwn ar brydiau. Mae'r defnydd o iaith ddaearyddol a'r arddull ysgrifennu yn wallus.

Mae copi llawn, swyddogol o'r cynlluniau marcio cyffredinol ar gael yn y Deunyddiau Asesu Enghreifftiol yn eich coleg neu ysgol.

Mae **Adran B** yn cynnwys 10 cwestiwn dwy ran, wedi'u marcio allan o 10 (rhan a) ac allan o 15 (rhan b).

Mae **Rhan (a)** yn cael ei marcio ar dair lefel.

Rhan (a)	Beth mae arholwyr yn chwilio amdano
Lefel 3 **8-10 marc**	Gwybodaeth a dealltwriaeth dda iawn wedi'u defnyddio mewn ffordd feirniadol a'u cymhwyso i lwybr ymchwil yr ymholiad. Mae'n amlwg bod y gwaith yn seiliedig ar waith ymchwil ac mae'n ei ddefnyddio i ddarparu tystiolaeth ategol dda. Traethawd byr clir, dealladwy sy'n ramadegol gywir.
Lefel 2 **4-7 marc**	Gwybodaeth a dealltwriaeth dda gyda rhywfaint o ymwybyddiaeth feirniadol o lwybr yr ymholiad. Traethawd byr wedi'i strwythuro'n glir sy'n defnyddio iaith dda ond yn cyflwyno dadleuon yn synhwyrol yn hytrach nag yn gryf. Nid yw'r diagramau a'r mapiau perthnasol yn cael eu labelu'n llawn bob amser.
Lefel 1 **1-3 marc**	Rhywfaint o wybodaeth a dealltwriaeth gyfyngedig o rai agweddau ar lwybr yr ymholiad, ond mae'n bosibl bod rhai pwyntiau heb eu datblygu'n llawn a heb enghreifftiau ategol o'r gwaith ymchwil. Yn defnyddio deunydd wedi'i addysgu o berthnasedd amrywiol o bosibl. Yn ysgrifennu 'Popeth rwy'n ei wybod' yn lle ateb y cwestiwn. Mae safon yr iaith yn amrywio, gyda diffyg paragraffau a gramadeg a chystrawen wan o bosibl.

Mae **Rhan (b)** yn cael ei marcio ar bedair lefel. Bydd y lefelau'n cysylltu'n rhannol â'r cynnwys disgwyliedig yn eich atebion.

Rhan (b)	Nodweddion y lefel (nid oes angen bodloni'r holl nodweddion er mwyn cyrraedd lefel benodol)
Lefel 4 **13-15 marc**	Yn nodi teitl y gwaith ymchwil. Gwybodaeth dda iawn am y testun sydd wedi'i astudio ac ymwybyddiaeth feirniadol o lwybr yr ymholiad fel y mae'n berthnasol i'r testun dan sylw. Gwaith ymchwil personol yn cefnogi'r ateb yn dda iawn. Mae'n bosibl bod diagramau a mapiau wedi'u cynnwys i gefnogi'r ateb. Mae'r ateb wedi'i ysgrifennu mewn arddull traethawd cadarn, dealladwy, gramadegol gywir sy'n cynnwys dilyniant o syniadau sy'n ateb y cwestiwn yn llawn. Yn gallu gwerthuso yn ôl yr angen. Mae'r paragraff clo yn berthnasol i'r cwestiwn.
Lefel 3 **9-12 marc**	Yn nodi teitl y gwaith ymchwil. Gwybodaeth dda am y testun gyda rhai bylchau. Yn dangos dealltwriaeth o lwybr yr ymholiad, ond rhai diffygion ar brydiau. Gwybodaeth a dealltwriaeth dda gyda rhywfaint o ymwybyddiaeth feirniadol. Gwerthuso yn fwy anghyson. Mae'r traethawd wedi'i strwythuro'n glir ac yn defnyddio iaith dda, ond mae'n cyflwyno'r dadleuon yn synhwyrol yn hytrach nag yn gryf. Yn cynnwys paragraff clo o bosibl.
Lefel 2 **5-8 marc**	Yn nodi teitl y gwaith ymchwil. Yn dangos gwybodaeth a dealltwriaeth ond mae'n bosibl bod rhai pwyntiau heb eu datblygu'n llawn a heb enghreifftiau ategol o'r thema ymchwil sydd wedi'i hastudio. Mae'r ateb yn dangos diffyg gwreiddioldeb ac mae'n debyg iawn i atebion yr holl fyfyrwyr yn y canol. Mae'r iaith yn gymharol syml ac nid yw'n defnyddio paragraffau o bosibl. Gall anwybyddu'r cwestiwn ar brydiau ac ysgrifennu 'popeth mae'n ei wybod'. Mae'r ateb yn gwanhau tua'r diwedd a heb gynnwys paragraff clo o bosibl.
Lefel 1 **1-4 marc**	Heb nodi'r teitl o bosibl. Er bod rhywfaint o wybodaeth a dealltwriaeth, mae'r bylchau a'r camsyniadau yn dangos nad yw'n deall y cwestiwn. Tystiolaeth bod y gwaith ymchwil yn arwynebol. Y wybodaeth ategol o waith ymchwil yn brin iawn. Mae safon yr iaith yn amrywio ac yn wallus ar adegau.

Ansawdd y cyfathrebu ysgrifenedig

Yn ogystal ag asesu eich gwybodaeth am y pwnc, mae arholwyr yn rhoi marciau am ansawdd y cyfathrebu ysgrifenedig. Yn y cyswllt hwn, mae arholwyr yn chwilio am:

- y gallu i ysgrifennu yn glir ac yn ramadegol gywir
- sillafu cywir
- paragraffau clir
- defnydd priodol o derminoleg ddaearyddol
- ateb wedi'i strwythuro mewn ffordd ddealladwy sy'n cysylltu paragraffau yn rhesymegol fel bod y darllenydd yn gallu dilyn yr ateb yn glir
- cyfeiriad yn y testun at ddiagramau ategol er mwyn sicrhau eu bod yn rhan annatod o'r ymateb cyffredinol.

Sgiliau arholiad

Mae'n bwysig deall gofynion y cwestiwn rydych chi wedi penderfynu ei ateb cyn dechrau. Anaml iawn gallwch chi ateb cwestiwn trwy ail-adrodd deunydd sydd wedi'i ddysgu yn unig. Peidiwch â chynnwys deunydd sydd wedi'i ddysgu os nad yw'n berthnasol i'r cwestiwn. Dylech osgoi ysgrifennu cyflwyniad hir sy'n amherthnasol i'r cwestiwn ac yn cynnwys gwybodaeth gefndir gyffredinol. Dylech ganolbwyntio ar ateb y cwestiwn o'r cychwyn cyntaf. Er mwyn sicrhau bod eich ateb yn llifo'n dda, yn berthnasol ac yn canolbwyntio ar y cwestiwn, mae'n bwysig cysylltu pob prif bwynt â'r cwestiwn. Yn y cyswllt hwn, mae'n bwysig iawn cynllunio eich ateb ar y dechrau. Dylech dreulio ychydig o funudau yn cynllunio eich ateb ar y dechrau, naill ai trwy ddefnyddio pwyntiau bwled sy'n nodi cynnwys allweddol pob paragraff, neu drwy ddefnyddio diagramau 'pry cop'.

Rheoli cwestiynau

Byddwch yn derbyn papur arholiad Adran A, ac ar ôl 1 awr 30 munud bydd y papur hwnnw'n cael ei gasglu a bydd papur arholiad Adran B yn cael ei roi i chi. Mewn gwirionedd, byddwch yn sefyll dau bapur arholiad gyda bwlch byr yn y canol. Dyma gyngor da ar sut i berfformio'n dda yn yr arholiad:

- Ar ôl dewis cwestiwn, defnyddiwch ben ffelt i amlygu'r geiriau pwysig yn y cwestiwn.
- Defnyddiwch liw gwahanol i ddangos y geiriau gorchymyn.
- Ysgrifennwch gynllun byr ar gyfer pob ateb cyn dechrau. Os bydd y myfyriwr heb orffen yr ateb, gall yr arholwr ddefnyddio cynllun y myfyriwr wrth farcio'r papur os nad yw'r cynllun wedi'i ddileu.
- Dylech wneud yn siŵr eich bod yn cadw at yr amser.
- Defnyddiwch ddull ysgrifennu traethawd ffurfiol sy'n trefnu brawddegau yn rhesymegol mewn paragraffau. PEIDIWCH Â defnyddio iaith negeseuon testun ffôn.
- Dylai traethodau gynnwys cyflwyniad byr sy'n nodi cyfeiriad y ddadl a chasgliad cryno sy'n crynhoi'r traethawd.
- Ceisiwch adael digon o amser i ailddarllen eich traethodau a chywiro unrhyw fanylion anghywir a gwallau sillafu.
- Cofiwch fod daearyddiaeth ar y lefel hon yn ymwneud â chymhlethdod achosion, materion a phroblemau oherwydd bod y gydberthnas rhwng pobl a'r amgylchedd yn gymhleth.
- Mae'n rhaid i chi allu tynnu gwybodaeth ynghyd o amrywiaeth o ffynonellau. Nid yw un ffynhonnell yn ddigon.
- Ar gyfer Adran B, bydd disgwyl eich bod wedi cwblhau gwaith ymchwil personol y tu allan i'r ystafell ddosbarth ac o dan arweiniad eich athro. Dylai hyn fod yn amlwg yn eich atebion.
- Cofiwch ddefnyddio enghreifftiau a lluniadu diagramau a mapiau.

Geiriau gorchymyn

Mae'n bwysig i chi ddeall ystyr y geiriau neu'r ymadroddion gorchymyn sy'n cael eu defnyddio yn y cwestiynau, a'r gwahaniaeth rhyngddynt. Mae arddull y cwestiynau ar lefel U2 yn anoddach nag ar lefel UG, a bydd rhai o'r cwestiynau yn gofyn i chi asesu, trafod ac archwilio. Astudiwch y rhestr isod i ddeall ystyr pob un o'r geiriau gorchymyn.

Aseswch – dylech bwyso a mesur pwysigrwydd y testun. Bydd sawl esboniad posibl, ac mae'n rhaid i chi nodi'r prif esboniadau ac yna dweud pa un rydych chi'n tueddu ei ffafrio.

Gwerthuswch – ar ôl ystyried y dystiolaeth a'r esboniadau cyffredinol ar gyfer mater penodol, mae'n rhaid i chi nodi safbwynt. Byddwch yn ennill marciau am gyfiawnhau eich safbwynt. Mae'n debygol y bydd mwy nag un esboniad posibl ar gyfer pob mater.

I ba raddau ac **I ba raddau ydych chi'n cytuno** – mae'r ddau ymadrodd yn disgwyl esboniad o blaid ac yn erbyn, a chyfiawnhau'r safbwynt rydych chi'n ei ffafrio.

Trafodwch a **Trafodwch yr honiad** – mae'r ddau orchymyn yn disgwyl i chi ddatblygu dadl ar fater penodol a chyflwyno tystiolaeth ar gyfer mwy nag un safbwynt. Mae cwestiwn o'r fath yn disgwyl i chi ddod i gasgliad. Bydd y drafodaeth yn cynnwys disgrifiad ac esboniad a chrynodeb ar y diwedd.

Archwiliwch – dylech ymchwilio yn fanwl, gan roi tystiolaeth o blaid ac yn erbyn safbwynt neu farn.

Eglurwch – nodwch resymau neu achosion a dangos sut, pam a ble mae rhywbeth wedi digwydd.

Cymharwch – nodwch yr elfennau sy'n debyg. Bydd llawer o'r cwestiynau hyn yn gofyn am **gyferbyniad** hefyd. **Cyferbynnwch** – nodwch y gwahaniaethau yn unig. **Cymharwch a chyferbynnwch** – nodwch yr elfennau sy'n debyg ac yn wahanol.

Cyfiawnhewch – nodwch pam mae un safbwynt neu esboniad yn well nag un arall.

Dosbarthwch – dylech ddosbarthu syniadau neu ffenomenau neu amrywiadau eglurhaol yn gategorïau.

Defnyddio diagramau a mapiau

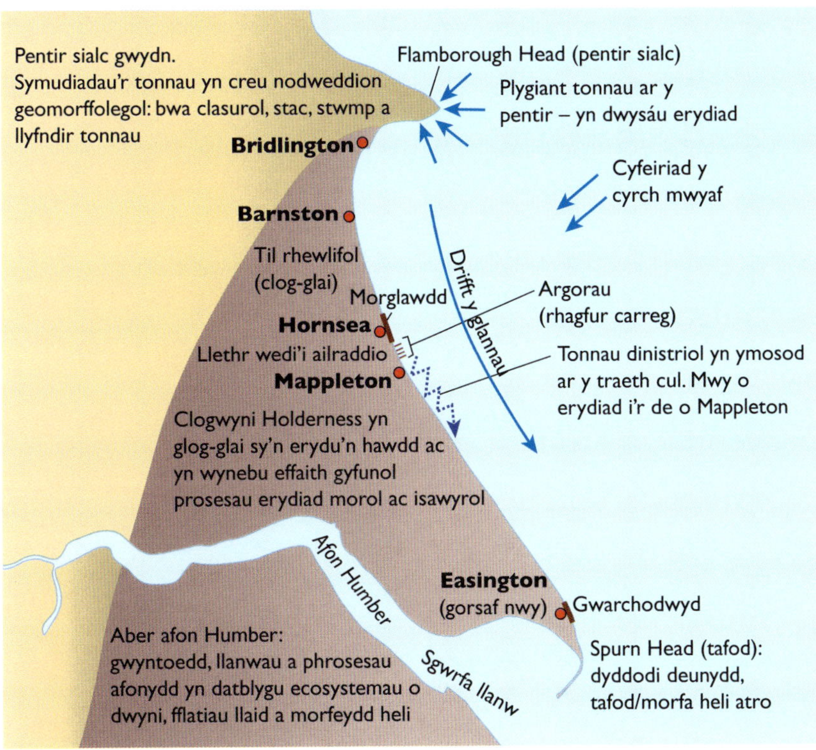

Ffigur 17 Arfordir Holderness a Spurn Head

Gallwch wella eich atebion yn sylweddol trwy gynnwys mapiau a diagramau o ansawdd da. Dylech geisio cynnwys diagramau addas sy'n crynhoi'r pwyntiau allweddol ac yn darparu anodiadau sy'n cefnogi ac egluro eich ateb ysgrifenedig. Mae mapiau a diagramau yn defnyddio llai o eiriau, ond mae'n rhaid eu cynllunio fel rhan amlwg o'ch ateb yn hytrach na'u hychwanegu fel rhyw fath o atodiad ar ddiwedd traethawd. Mewn traethawd sy'n gofyn am asesiad o strategaethau rheoli arfordirol, mae Ffigur 17 yn darparu llawer o wybodaeth am y testun. Mae'n llun effeithiol ac mae'n crynhoi natur a lleoliad cymharol amrywiaeth o strategaethau rheoli mewn amgylchedd arfordirol penodol. Byddai'r diagram yn rhoi mwy o amser i chi ddatblygu asesiad manwl o'r strategaethau yn y rhannau ysgrifenedig o'ch ateb.

Sylwadau'r arholwr

Mae'r adran hon yn cynnwys rhai cwestiynau nodweddiadol ar gyfer Uned G3, gydag enghreifftiau o Adran A: Themâu Cyfoes ac Adran B: Ymholiad Ymchwil Unigol. Dylech dreulio'r un faint o amser (45 munud) yn ateb cwestiynau G3A a dwy ran G3B.

Mae'r eicon 🅐 yn cael ei ddefnyddio i ddangos **sylwadau'r arholwr**, sy'n nodi cryfderau a gwendidau ateb yr ymgeisydd. Ar gyfer pob cwestiwn, mae geiriau allweddol yn cael eu nodi ac mae cyngor yn cael ei roi ar sut i ateb y cwestiwn. Mae sylwadau'r arholwr ar ymateb pob myfyriwr yn cael eu cyflwyno fel pwyntiau anodedig sy'n defnyddio dilyniant o lythrennau a datganiad crynodol i nodi'r marc a'r radd a gafodd eu dyfarnu.

Adran A: Themâu cyfoes

Enghraifft 1 Amgylcheddau eithafol

Mae'r cwestiwn hwn yn seiliedig ar Thema 1: Diffeithdiroedd, Cwestiwn Allweddol 1.2

'Mae gweithgarwch dynol yn cael effaith negyddol ar amgylchedd y diffeithdir bob amser.'
Trafodwch.

(25 marc)

(a) Mae'r gair 'trafodwch' yn gofyn i chi ddisgrifio ac egluro pwyntiau perthnasol a datblygu dadl gytbwys gyda manylion ategol. Dylech felly gynnwys rhai enghreifftiau manwl o sut mae amgylcheddau diffeithdir yn cael eu camddefnyddio, neu wedi cael eu camddefnyddio, o ganlyniad i dwf yn y boblogaeth, ymelwa ar fwynau, ffermio neu dwristiaeth. Rydych yn debygol o ddadlau bod yr effeithiau hyn yn negyddol a bod angen eu rheoli, ond er mwyn bod yn gytbwys, dylech gynnwys enghreifftiau o weithgarwch dynol a all fod yn fanteisiol, fel ecodwristiaeth neu gadwraeth.

Ateb y myfyriwr i enghraifft 1

Mae'r syniad bod gweithgarwch dynol yn cael effaith negyddol ar amgylcheddau diffeithdir bob amser yn ddadleuol. Mae'n wir mewn rhai ardaloedd bod gweithgarwch dynol yn gallu cael effaith negyddol iawn ar ecosystem fregus y diffeithdir, fel y ffaith bod gorddatblygu a dyfrhau yn rhanbarth y Môr Aral wedi lleihau maint y môr i ddim ond 10% o'i faint gwreiddiol. Eto byddai disgrifio gweithgarwch dynol fel rhywbeth negyddol bob amser yn gorsymleiddio'r sefyllfa. Yn wir, gellid dweud bod y buddion economaidd o dwristiaeth neu ymelwa ar fwynau yn rhywbeth cadarnhaol er nad yw'n gwneud iawn am y problemau amgylcheddol sy'n codi yn aml o ganlyniad i weithgarwch dynol.

(a) Mae hwn yn gyflwyniad da ac mae'r myfyriwr yn cyfeirio at y cwestiwn yn uniongyrchol yn y frawddeg gyntaf ac yn dechrau datblygu dadl gytbwys – gan nodi gweithgarwch dynol negyddol a chadarnhaol, ond yn datgan eu bod yn fwy tebygol o gael effeithiau negyddol yn y pen draw, yn enwedig ar yr amgylchedd.

Yn gyntaf, un o effeithiau enfawr gweithgarwch dynol ar amgylchedd y diffeithdir yw'r twf yn y boblogaeth. Mae poblogaeth ardaloedd y diffeithdir, fel taleithiau heuldir America, wedi cynyddu'n gyflym dros y degawdau diwethaf oherwydd yr adnoddau economaidd helaeth sydd ar gael i'w datblygu yno a'r hinsawdd ffafriol **a**. Cynyddodd poblogaeth talaith Arizona yn niffeithdir Sonora 40% rhwng 1990 a 2000. Ond er gwaethaf y cynnydd mewn buddion economaidd a'r manteision o ran ffordd o fyw i'r bobl sy'n byw yno, mae'n anodd dadlau nad yw effaith y twf yn y boblogaeth wedi bod yn ddim byd ond negyddol yn gyffredinol **c**. Mae'r dylifiad enfawr o bobl yn rhoi straen mawr ar adnoddau, yn enwedig dŵr, mewn amgylchedd lle mae prinder dŵr yn barod. Disgynnodd y lefel trwythiad 3 metr ar ôl i ormod o ddŵr gael ei dynnu o ddyfrhaenau tanddaearol Phoenix; mae cynlluniau i ymdopi â'r galw cynyddol yn aml yn cael effeithiau negyddol iawn hefyd **b**. Mae Project Canolbarth Arizona yn seiffno llawer o ddŵr o afon Colorado i'w ddefnyddio yn Phoenix a Tuscon ond mae echdynnu gormod o ddŵr wedi lleihau'r cyflenwad ac wedi arwain at lawer o dir yn ymsuddo yn niffeithdir Sonora o ganlyniad uniongyrchol i'r lefel trwythiad is. Mae agennau hyd at 120 m o hyd a 5 m o ddyfnder wedi agor yn y diffeithdir, ac mae ardal o faint Gogledd Swydd Efrog wedi ymsuddo. Mae'r ffaith bod llai o ddŵr ar gael oherwydd y twf yn y boblogaeth yn cael sawl effaith negyddol ar amgylchedd y diffeithdir. Mae prinder dŵr wedi sychu sawl nant yn y diffeithdir gan effeithio ar y fflora a'r ffawna. Yn wir mae dafad hirgorn y diffeithdir a'r bobgathod wedi diflannu o ddiffeithdir Sonora oherwydd y pwysau cynyddol ar gyflenwad dŵr sy'n deillio o'r twf yn y boblogaeth a'r galw cynyddol am adnoddau. Felly mae'n anodd dadlau bod dylifiad a'r twf yn y boblogaeth wedi cael unrhyw effaith gadarnhaol ar amgylchedd y diffeithdir sydd eisoes yn fregus **c**.

a a Mae gweithgarwch dynol a'u **b** heffeithiau (economaidd, cymdeithasol ac amgylcheddol) yn cael eu trafod yn fanwl a'u lleoli'n dda. **c** Mae'r ateb yn llwyddo i ganolbwyntio ar y cwestiwn.

Mae twristiaeth yn economi ffyniannus yn ardaloedd y diffeithdir ac mae chwaraeon eithafol yn Dubai a saffaris yn Namibia yn dod yn fwyfwy poblogaidd **a**. Yn y cyswllt hwn mae twristiaeth yn gallu dod â buddion economaidd sylweddol i gymunedau'r diffeithdir drwy effaith lluosydd lle mae adfywio ardal o ddiffeithdir ar gyfer ymwelwyr yn helpu i wella ffordd o fyw pobl leol **b**. Mae pobl y Bedwyn [Bedouin] yn y Sahara wedi cael budd o ecodwristiaeth, nid yn unig trwy wella eu hincwm a'u safon byw, ond hefyd trwy roi cyfle iddynt addysgu ymwelwyr am eu diwylliant. Yn y cyswllt hwn mae twristiaeth yn gallu arwain at fanteision economaidd a chymdeithasol. Fodd bynnag, mae pobl yn dadlau a yw buddion economaidd twristiaeth yn bwysicach na'r pryderon amgylcheddol cysylltiedig sy'n dod yn ei sgil **c**. Mae pwnio Twyni a Wadïau yn niffeithdiroedd Dubai **a** wedi cynyddu erydiad ac ansefydlogrwydd y tir, gan waethygu'r broblem o ddiffeithdiro yn yr ardal **b**. Yn ogystal, mae twristiaeth yn Moroco **a** wedi arwain at brinder dŵr difrifol yn y wlad, gyda Banc y Byd yn rhagweld y bydd yn dioddef sychder erbyn 2050 **b**. Mae twristiaeth ar raddfa fawr yn gallu cael effaith negyddol ar ddiwylliant hefyd, er enghraifft mae heneb y *Valley of Kings* yn Luxor, yr Aifft yn dirywio o ganlyniad i ymweliadau gan dwristiaid nad ydynt yn parchu'r safle **b**. Yn yr un modd, mae'r 'daith awyr' (*sky walk*) dros y Grand Canyon wedi sarhau yr Indiaid brodorol gan fod y daith yn amharchu tir sanctaidd y Canyon. Mae'n amlwg bod goblygiadau amgylcheddol a chymdeithasol twristiaeth yn gallu tanseilio'r buddion economaidd gan fod twristiaeth anghynaliadwy o'r fath yn cyfyngu ar allu'r diwydiant i barhau a ffynnu yn yr un ffordd yn y dyfodol **ch**.

a ch Mae'r ymgeisydd yn cydnabod bod gweithgaredd penodol yn gallu cael effeithiau cadarnhaol a negyddol ac mae'n cyfeirio at gynaliadwyedd – pwynt synoptig.

Mae amaethyddiaeth yn rhanbarthau'r diffeithdir **a** yn arwain at rai o effeithiau mwyaf niweidiol gweithgarwch dynol ar amgylcheddau'r diffeithdir **d**. Mae dyfrhau anghyfrifol a gor-ffermio'r tir yn lleihau cyflenwadau dŵr y diffeithdiroedd, sydd eisoes yn brin. Mae hyn wedi digwydd yn rhanbarth Môr Aral yng nghanolbarth Asia lle mae gor-ffermio anghynaliadwy wedi crebachu'r môr i $\frac{1}{10}$ o'i faint gwreiddiol, gan arwain at ddiffeithdiro **b**. Mae 50% o'r tir nawr yn dioddef problemau halwynedd (*salinity*), yn ogystal â diraddiad amgylcheddol.

Mae'r goblygiadau cymdeithasol o lefelau cynnyrch is a cholli bywoliaeth wedi arwain at dlodi eang yn y rhanbarth – mae dros ¼ o'r teuluoedd yn dlawd ar ôl colli eu bywoliaeth o ganlyniad uniongyrchol i ffermio dinistriol. Mae dulliau amaethyddol negyddol ac anghynaliadwy hefyd yn gwaethygu problem yr amgylchedd cras trwy gynyddu halwynedd trwy drin y tir gormod, gan arwain at ragor o ddifeithdiro. Mae 75% o'r tir yn Kushab, Pakistan yn halwynog a'r diffeithdir yn ehangu oherwydd gorddyfrhau. Mae canlyniadau gweithgarwch dynol yn sgil amaethyddiaeth yn amgylcheddau'r diffeithdir yn negyddol yn aml oherwydd bod amgylchedd y diffeithdir yn anaddas ar gyfer ffermio a'r dulliau anghynaliadwy sy'n cael eu defnyddio. Mae'n ddiddorol nodi bod y dulliau amaethyddol mwyaf dinistriol i'w gweld mewn ardaloedd lle mae dwysedd y boblogaeth yn uchel a'r boblogaeth yn cynyddu gan fod y tir yn cael ei gamddefnyddio er mwyn cynnal pobl, fel ardal y Sahel yn Affrica **dd**. Felly mae'r ardaloedd hyn yn wynebu problemau sy'n deillio o'r cynnydd yn y boblogaeth yn ogystal â phroblemau amaethyddiaeth, ac yn y cyswllt hwn maen nhw'n cael effaith ddinistriol a negyddol iawn ar amgylchedd y diffeithdir.

ⓓ **d** Mae'r myfyriwr hwn yn gwerthfawrogi bod graddau'r effeithiau yn amrywio rhywfaint. **dd** Mae'r ateb yn cydnabod bod cyfuniad o weithgarwch dynol yn gallu cynyddu'r effaith.

Yn olaf, mae mwyngloddio yn amgylcheddau'r diffeithdir yn weithgarwch dynol **a** sydd bron yn gyfan gwbl negyddol. Mae mwyngloddio copr yn Candeleria, Chile yn niffeithdir Atacama yn achosi llawer o lygredd ac mae'n gyfrifol am 10% o lygredd dŵr y rhanbarth **b**. Mae'r gweithgarwch hwn yn ddinistriol iawn o ystyried y ffaith bod adnoddau dŵr yn brin iawn yn yr Atacama, lle mae rhai ardaloedd wedi bod heb law ers dros 100 mlynedd. Mae'r effeithiau amgylcheddol a chymdeithasol (iechyd gwael i'r rhai sy'n gorfod yfed y dŵr) yn cael eu gwaethygu oherwydd bod llai o ffynonellau dŵr glân mewn amgylchedd sy'n dioddef sychder yn barod. Yn yr un modd, yn sgil gwaith adfer gwael ar fwyngloddiau Shoshone, UDA, mae cyanid wedi'i ryddhau i rai ffynonellau dŵr a oedd yn cael eu defnyddio i drwytholchi mwyn aur.

Diffeithdiroedd yw $\frac{1}{3}$ o ffynhonnell mwynau'r byd ac felly mae'r diffeithdir yn ffynhonnell gyfoethog o adnoddau i ddatblygwyr.

Mae'n amlwg bod hyn yn cael effaith amgylcheddol a chymdeithasol enfawr – mae'n lladd llawer o fioamrywiaeth yn y rhanbarth ac yn peryglu'r boblogaeth leol **b**. Yn y cyswllt hwn, mae mwyngloddio yn cael effaith negyddol ar amgylcheddau'r diffeithdir trwy greithio'r dirwedd a llygru'r tir. *TNCs* a chorfforaethau mawr sy'n mewnforio gweithwyr yn hytrach na defnyddio pobl leol yw'r unig rai sy'n cael budd economaidd.

Nid oes amheuaeth bod gweithgarwch dynol yn gwneud niwed difrifol i gydbwysedd bregus ecosystemau'r diffeithdir. Mae twf poblogaeth, twristiaeth, amaethyddiaeth a mwyngloddio yn cael effaith eang a niweidiol, yn enwedig ar yr amgylchedd. Yn ogystal, mae llawer o'r pwysau yn gysylltiedig ac yn digwydd ar yr un pryd **dd** – fel gor-ffermio a thwf poblogaeth, twristiaeth a thwf poblogaeth, sy'n arwain at ragor o effeithiau negyddol. Er bod twristiaeth yn benodol yn creu buddion economaidd, nid yw hyn yn ddigon i gyfiawnhau canlyniadau amgylcheddol enfawr gweithgarwch dynol, ac felly mae'n bosibl dweud bod effaith gweithgarwch dynol ar amgylchedd y diffeithdir i raddau helaeth yn negyddol.

ⓓ **Dyfarnwyd marc o 25/25.** Dyma ateb rhagorol. Mae'n trafod amrywiaeth eang o weithgarwch dynol a'u heffeithiau yn fanwl, gan gyfeirio at leoliadau penodol. Yn ogystal â strwythuro'r ateb yn dda, mae'r myfyriwr yn trafod yr effeithiau negyddol a chadarnhaol drwy gydol y gwaith cyn cyrraedd y casgliad bod effaith 'gweithgarwch dynol ar amgylchedd y diffeithdir i raddau helaeth yn negyddol'. Mae'r myfyriwr hefyd yn canolbwyntio'n dda ar nodweddion yr amgylchedd eithafol (diffeithdir) mae'n ei drafod, gan mai priodweddau bregus ac arbennig amgylchedd y diffeithdir sy'n ei wneud mor agored i niwed oherwydd gweithgarwch dynol.

Enghraifft 2 **Tirffurfiau arfordirol a'u rheolaeth**

Mae'r cwestiwn hwn yn seiliedig ar Thema 2(b): Tirffurfiau arfordirol, Cwestiwn Allweddol 1.4

Archwiliwch rôl daeareg yn natblygiad tirffurfiau arfordirol. (25 marc)

(a) Mae'r cwestiwn hwn yn disgwyl i chi ddangos gwybodaeth a dealltwriaeth o effaith natur creigiau unigol a litholeg (caledwch, cyfansoddiad mwynau, hydoddedd) ac effaith strwythur daearegol (haenau, goledd, ffawtio ac uniadau) ar ddatblygiad tirffurfiau arfordirol. Mae'r gair gorchymyn 'archwiliwch' yn disgwyl i chi drafod effeithiau rheolaethau daearegol yn eithaf manwl, ac i ystyried ffactorau eraill y tu allan i'r maes daearegol sy'n dylanwadu ar ddatblygiad tirffurfiau arfordirol, fel y gwahanol brosesau, lefelau egni ac ymyriad dynol.

Ateb y myfyriwr i enghraifft 2

Mae'r arfordir yn cael ei ddiffinio fel y "man cyfarfod" rhwng y môr a'r tir; rydw i wedi astudio ardal cell waddod 5-f, a'i diffinio gan gynllun rheoli DEFRA 1993. Mae nifer o ffactorau yn cydweithio i greu tirffurfiau arfordirol, gan gynnwys ffactorau daearegol. Mae daeareg yn cynnwys math a strwythur craig. Mae'r math o dirffurf sy'n cael ei greu yn dibynnu ar gydbwysedd manwl rhwng prosesau fel rhai isawyrol: hindreulio dŵr glaw, erydiad gwynt; prosesau biolegol fel llystyfiant ac anifeiliaid; prosesau geomorffig – symudiad y tonnau, y llanw; erydiad gan draed pobl; a daeareg. Mae pwysigrwydd cymharol daeareg yn dibynnu ar gydbwysedd y prosesau hyn **a**.

(a) **a** Mae'r cyflwyniad hwn yn canolbwyntio ar y cwestiwn ac mae'r ymgeisydd yn mynd ati i 'archwilio' trwy gydnabod nid yn unig bod rheolaethau daearegol yn bwysig yn natblygiad tirffurfiau, ond bod prosesau eraill ar waith hefyd.

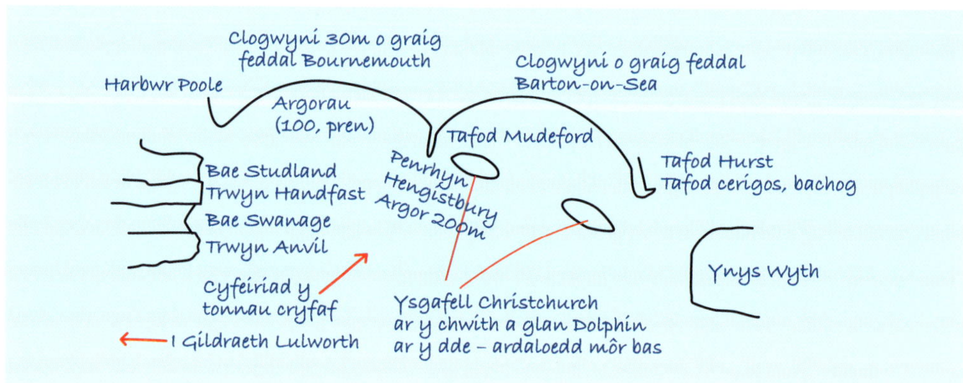

Mae rôl daeareg yn bwysig iawn yn y broses o ffurfio tirffurfiau erydol, ond mae hefyd yn bwysig am ei fod yn darparu gwaddod i greu traethau, sy'n dirffurf dyddodol, fel sydd wedi digwydd yn Barton-on-Sea a Bournemouth. Mae gan Barton-on-Sea sawl plân haenu (*bedding plane*) llorweddol a haen drwchus o glai o dan haen o dywod a graean bras sydd yr un mor feddal. Mae prosesau morol ac isawyrol yn erydu'r clogwyni meddal yn gyflym. Mae'r clogwyni yn encilio tua 2-5 m y flwyddyn.

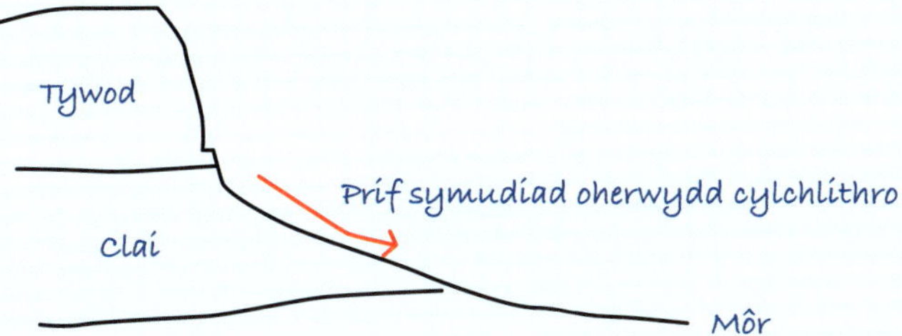

Mae dŵr glaw yn ymdreiddio trwy'r tywod nes cyrraedd yr haen o glai anathraidd (daeareg). Yno, mae'n creu cylchfa slip weithredol (*active slip zone*) ac mae'r symudiad bach hwn yn gyfrifol am 89% o'r holl symudiad tir ar y clogwyn; mae'r rwbel yn cynnwys 36% o leithder, sy'n brawf o'i athreiddedd (*permeability*), ac mae proffil y clogwyn yn llethr graddol. Mae wyneb y clogwyn yn cael ei erydu oherwydd diffyg gwydnwch, y ffaith bod gwaith rhewi-dadmer yn ei wanhau ac effaith glaw sy'n lledasid – y dystiolaeth o hyn yw wyneb clogwyn gweithredol â llystyfiant cyfyngedig **a**. Oherwydd nad oes digon o amddiffyniad yn sgil yr ysgafell yn Christchurch, mae'r tonnau yn uchel gan fod egni'r amgylchedd yn uchel. Mae athreuliad (*attrition*) yn erydu'r amddiffynfa a gafodd ei ffurfio gan fàs-symudiad oherwydd ei fod mor feddal.

Mae pwysigrwydd daeareg yn cael ei weld yn amlwg yn y gyfres o bentiroedd a baeau ar hyd morlin dwyreiniol Purbeck sy'n anghytgordiol â'r arfordir, hynny yw ddim yn cyd-fynd â'r arfordir **b**.

ⓐ b Mae'r ymgeisydd yn defnyddio termau priodol yn effeithiol a **c** diagramau sy'n dangos yn glir effaith litholegau gwahanol ar ddatblygiad tirffurf.

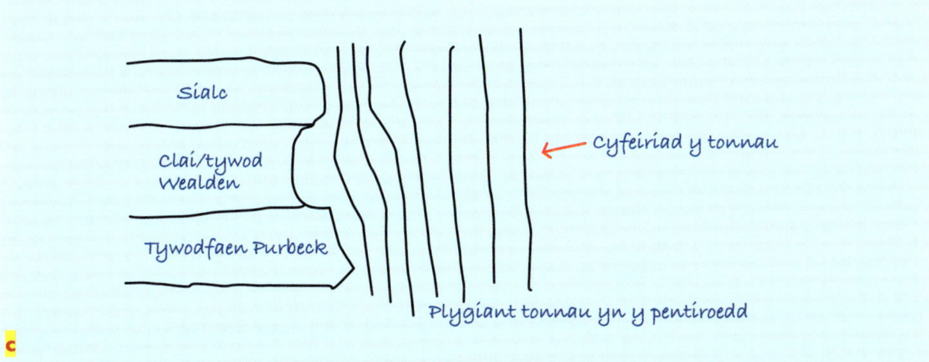

c

Mae calchfaen a sialc Purbeck yn fwy gwydn yma na'r tywod a'r clai. Mae symudiadau'r tonnau, yn enwedig yr effaith hydrolig, **b** sy'n gallu cynhyrchu grym 10 000 kg, yn darganfod y gwendidau ym mhlanau haenu'r graig a'r uniadau. Mae'r graig feddal yn wannach ac yn erydu'n gyflymach. Mae tonnau yn plygu **b** o gwmpas y pentiroedd, ac mae'r tonfeddi yn cynyddu wrth gyrraedd y graig feddal, sy'n lleihau'r lefelau egni. Mae hyn yn creu'r siâp crwm ac yn ffurfio traeth ar linell y torddwr **b**: mae'n hawdd adnabod y gwahanol fathau o greigiau,

ac wrth sefyll ar y pentiroedd mae rhywun yn edrych i lawr ar yr haen glai/tywod lle mae prosesau isawyrol wedi digwydd yn gynt. Y nodwedd bwysicaf yma yw pa fath o graig yw hi; mae ffactorau eraill fel egni'r tonnau yn gymharol gyson ar hyd y darn hwn o'r arfordir, felly hefyd yr hinsawdd sy'n cyfrannu at hindreulio isawyrol ac erydiad **a**.

Mae effaith strwythur y creigiau i'w gweld yn glir ar dirffurfiau Trwyn Handfast. Er bod y creigiau i gyd wedi'u gwneud o sialc, mae nifer o dirffurfiau wedi'u creu, gan gynnwys staciau a stympiau. Enw un o'r staciau hyn yw 'Old Harry'.

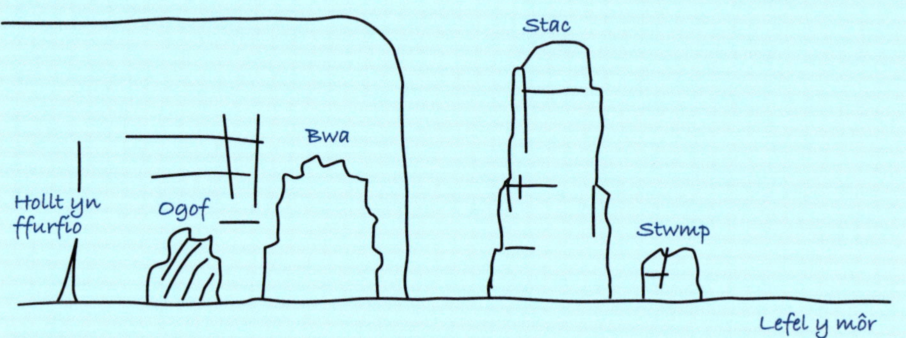

Mae symudiad y tonnau yn gyson yno, a gallwch weld sut mae hollt yn datblygu i fod yn stwmp. Mae dŵr glaw yn ymdreiddio i'r gwendidau yn y graig – planau haenu llorweddol ac uniadau fertigol. Mae prosesau isawyrol cyson a ffurfiant rhic tonnau oherwydd cyrathiad (*corrasion*) ac effaith hydrolig yn golygu bod creigiau'n cwympo gan nad ydynt yn cael eu cynnal oddi isod. Mae'r creigiau'n syrthio mewn blociau, sy'n dystiolaeth o bwysigrwydd strwythur creigiau. Mae pa fath o graig yw hi yn bwysig, i raddau, yma gan fod sialc yn gallu gwrthsefyll symudiad y tonnau i ryw raddau. Er enghraifft, nid yw'r strwythurau hyn i'w gweld yn Barton-on-Sea, lle mae'r creigiau'n llawer mwy meddal **ch**.

a **ch** Mae'r myfyriwr yn cyflwyno cyferbyniad effeithiol.

Wrth ganolbwyntio ar Old Harry yn agosach, mae rôl daeareg wedi'i gyfyngu.

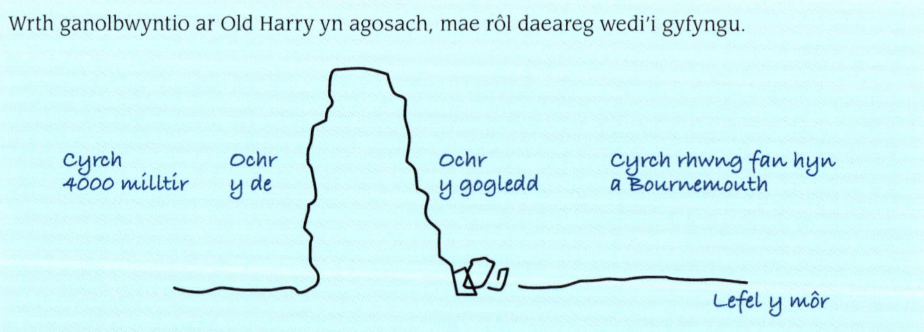

Er bod daeareg yr un fath, mae'r agwedd yn cael ei heffeithio gan gyrch **b** gan fod cyrch mwy yn creu tonnau cryfach a thandoriad cyflymach. Mae ochr y de yn wyn, yn serth ac wedi'i thandorri ac mae ochr y gogledd yn llai serth gyda llystyfiant ac amddiffynfa. Mae hyn yn dangos bod pwysigrwydd daeareg hefyd yn gyfyngedig wrth ffurfio tirffurfiau **a**.

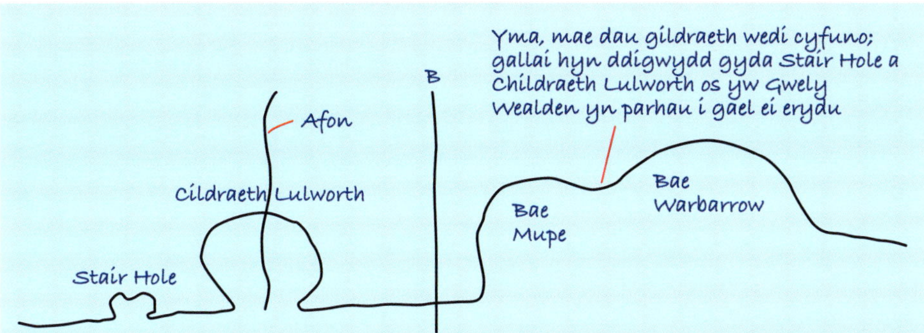

Ar y morlin Jurassic cydgordiol, y ddaeareg sy'n creu'r cildraethau a'r baeau. Tarodd Ewrop ac Affrica yn erbyn ei gilydd 10 miliwn o flynyddoedd yn ôl, a phlygodd y creigiau mewn digwyddiad o'r enw 'gwasgfa Lulworth' (*'Lulworth crumple'*). Siâp 'S' sydd i galchfeini Purbeck a Portland **d**, sy'n golygu mai dim ond haen denau o galchfaen sy'n gwrthsefyll y tonnau **dd**. Yn ystod y tresmasiad Fflandriaidd **b** 12,000 o flynyddoedd yn ôl, ymdoddodd yr iâ a llifodd afon o ddŵr tawdd mewn man sy'n cael ei ddangos ar y map. Creodd hyn wendid yn y graig lle'r oedd symudiad y tonnau'n gallu ymosod yn haws.

d Mae'r mathau o greigiau a'r **dd** rheolaethau strwythurol wedi'u nodi'n gywir.

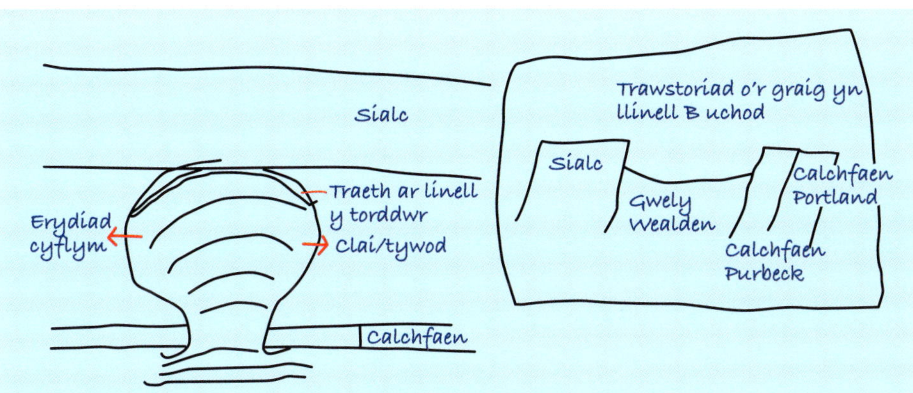

Ar ôl i'r mur dorri roedd y clai a'r tywod llai gwydn yn erydu'n gyflym. Mae maint y cildraeth yn cael ei gyfyngu gan sialc gwydn y tu ôl iddo. Mae symudiadau tonnau'r môr yn bwysig hefyd gan fod plygiant tonnau yn y cildraeth yn golygu bod egni tonnau yn cael ei golli, ac mae'n dyddodi gwaddod, gan greu traeth ar linell y torddwr yn y cildraeth. Mae camau cyntaf y broses hon i'w gweld yn Stair Hole.

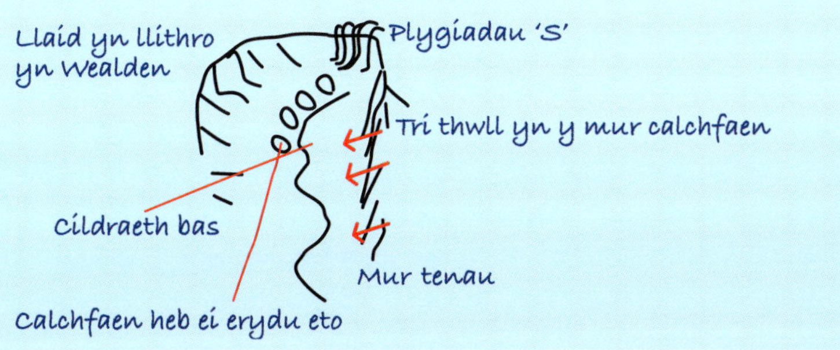

Mae'r enghreifftiau hyn yn dangos bod daeareg – math a strwythur craig – yn cyfrannu at ddatblygiad tirffurfiau, ond heb y prosesau isawyrol a morol eraill, ni fyddai'n bosibl gweld effaith daeareg wahanol **a**.

Ⓐ Dyfarnwyd marc o 25/25. **a** Dyma ateb da iawn. Mae'n cyfeirio at amrywiaeth eang o dirffurfiau arfordirol, gan nodi lleoliadau penodol. Nid yw'r myfyriwr yn cyfeirio at effaith litholegau a rheolaethau strwythurol gwahanol yn unig, mae hefyd yn archwilio rôl prosesau eraill. Mae defnydd y myfyriwr o dermau daearyddol yn dangos dealltwriaeth ardderchog o ddeunydd y pwnc, ac mae'n ymgorffori diagramau anodedig yn y testun yn dda, gan ddangos y cysylltiad rhwng rheolaethau daearegol a datblygiad tirffurfiau yn effeithiol iawn.

Enghraifft 3 **Datblygiad**

Mae'r cwestiwn hwn yn seiliedig ar Thema 4: Datblygiad, Cwestiwn Allweddol 1.6

'Nid yw strategaethau ar gyfer lleihau'r bwlch datblygiad yn effeithiol bob amser.' Trafodwch.   (25 marc)

Ⓐ Mae'r gair gorchymyn 'trafodwch' yn gofyn i chi ddisgrifio ac egluro pwyntiau perthnasol a datblygu dadl gytbwys gyda manylion ategol. Mae'n rhaid i'ch ateb ddangos eich gwybodaeth a'ch dealltwriaeth o rai o'r strategaethau sydd wedi'u rhoi ar waith i gau'r bwlch datblygiad a nodi pa mor effeithiol mae'r strategaethau hyn wedi bod. Mae nifer o strategaethau wedi'u rhoi ar waith, gan gynnwys cymorth, masnach rydd a masnach deg, *FDI* a chynlluniau i leihau dyledion. Mae rhai strategaethau wedi cau'r bwlch yn effeithiol (fel y mae dangosyddion datblygiad dynol a chyfraddau twf economaidd gwell yn ei ddangos) tra bod eraill wedi ehangu'r bwlch (trwy greu rhagor o anghydraddoldeb, llygredd a dirywiad amgylcheddol).

Ateb y myfyriwr i enghraifft 3

Mae datblygiad yn cael ei ddiffinio yn wahanol yn ôl ffynonellau gwahanol **a**. Yn ôl Banc y Byd, 'datblygiad yw cynnydd mewn cyfoeth a chynnydd yn nosbarthiad y cyfoeth hwnnw'. Mae sosialwyr yn ei ddiffinio fel 'rhyddid rhag eisiau'. Mae nifer o ffactorau wedi cyfrannu at y bwlch datblygiad – sy'n gwahaniaethu datblygiad rhwng ac oddi mewn i wledydd **b**. Er enghraifft, mae CMC UDA bedair gwaith yn fwy na'r cyfartaledd rhyngwladol, ac roedd yn arfer bod ddwywaith yn fwy na'r cyfartaledd cenedlaethol yn unig **c**. Mae 1% o boblogaeth Sierra Leone yn berchen ar 85% o'r cyfoeth. Gall y bwlch datblygiad hwn fod yn gysylltiedig â datblygiad cymdeithasol gan fod MDD (Mynegrif Datblygiad Dynol) Sierra Leone yn 173 ar restr y byd. Ar ôl sylweddoli ei bod hi'n werth osgoi cael bwlch mor fawr, mae hyn wedi arwain at nifer o strategaethau i'w leihau. Mae'r rhain yn cynnwys cymorth i dalu dyledion, cymorth, masnach rydd, masnach deg, *FDI* a thaliadau **d**. Mae'n bosibl y bydd llwyddiant Cyrchnodau Datblygu'r Mileniwm (*MDG: Millennium Development Goals*) 2000, sy'n cynnwys 189 o wledydd, yn fesur o'u heffeithiolrwydd. Rwy'n cytuno nad yw rhai strategaethau wedi helpu datblygiad gan leihau'r bwlch datblygiad. Mae rhai wedi rhwystro datblygiad hyd yn oed **d**. Mae graddau eu llwyddiant yn amrywio o wlad i wlad, gan fod pob gwlad yn wahanol o ran hanes, hinsawdd a chyflenwad adnoddau naturiol fel olew neu rwber.

d Dyma gyflwyniad effeithiol lle mae'r myfyriwr wedi diffinio'r termau **a** datblygiad a **b** bwlch datblygiad ac **c** wedi nodi rhai enghreifftiau. Mae'n dechrau cyflwyno dadl gytbwys, **ch** gan nodi amrywiaeth o strategaethau, ac mae hefyd yn cydnabod nad yw pob un ohonynt wedi helpu i leihau'r bwlch datblygiad ac awgrymu bod **d** 'rhai wedi rhwystro datblygiad hyd yn oed'.

Penderfynodd yr *IMF* helpu Gwledydd mewn Dyled Fawr trwy newid yr amserlen ar gyfer ad-dalu eu dyledion **ch**. Er mwyn gwneud hyn, roedd rhaid i'r wlad gytuno i rai Polisïau Addasu Strwythurol (*SAPs: Structural Adjustment Policies*). Dechreuodd Sénégal ei *SAP* yn 1986. Er enghraifft, cafodd y wlad ei chynghori i dyfu mwy o gnydau i'w gwerthu, fel coffi a thybaco, yn hytrach na phrif gnydau. Y syniad yw gwerthu'r cnydau hyn wedyn, er mwyn ennill doleri allforio, a buddsoddi'r arian ym meysydd datblygu fel isadeiledd a gofal iechyd. Yn anffodus, cafodd llawer o wledydd yr un cyngor a lleihaodd gwerth eu cnydau ar farchnad y byd. Ni chafodd ffermwyr unrhyw enillion ar eu buddsoddiad oherwydd hyn. Roedd rhaid gwerthu'r tir, a arweiniodd at ragor o dlodi gwledig, mwy o drefoli a llai o brif fwydydd yn cael eu cynhyrchu **d**. Roedd rhaid i'r wlad fewnforio bwyd o wledydd eraill wedyn, ac roedd llai o arian i'w fuddsoddi. Ymhen 10 mlynedd, roedd diffyg maeth ymysg plant wedi codi i 22%. Mae diffyg maeth ymysg plant yn arwain at gynhyrchedd isel yn yr ysgol a llai o gyfle i gael gwaith a mwynhau iechyd da yn y dyfodol. Mae sawl Sefydliad Anllywodraethol (*NGO: Non-Governmental Organization*) yn rheoli dyledion yn fwy effeithiol **dd**. Mae '*Debt for Nature*' yn golygu bod y ddyled yn cael ei chymryd oddi wrth yr *IMF*. Mae'r *NGO* yn derbyn arian domestig ac mae'r arian yn cael ei ddefnyddio i sicrhau nad ydynt yn datgoedwigo. Yn ôl adroddiad Stern, mae atal datgoedwigo yn werth $5 biliwn y flwyddyn. Mae pethau fel hyn yn helpu'r wlad i dalu dyled a hefyd gwella'r amgylchedd – sy'n bwysig ar gyfer datblygiad cynaliadwy.

d Mae'r myfyriwr yn cyflwyno trafodaeth gytbwys trwy nodi **d** strategaethau sydd wedi cynyddu'r bwlch datblygiad a **dd** strategaethau sydd wedi'i leihau.

Mae '*Masnach nid Cymorth*' yn strategaeth boblogaidd. Gall masnach fod yn ffordd fwy effeithiol o gynyddu datblygiad oherwydd ei bod yn creu gweithgaredd economaidd. Fodd bynnag, mae rhai projectau cymorth ar waith. Mae rhai ohonynt yn llwyddiannus ond nid i gyd. Ar ôl *Live Aid*, aeth 80% o'r cymorth yn Somalia ar goll yn ôl y BBC **d**. Mae llygredd yn y wlad yn arwain at gymorth bwyd yn cael ei ddwyn. Os bydd yn cael ei werthu yn rhad neu'n cael ei roi am ddim – mae'n tanseilio ffermwyr lleol ac yn arwain at yr un problemau â strategaeth tyfu cnydau. Penderfynodd y DU roi ysbyty gwerth miliynau o bunnoedd i Samoa. Nid oedd y cymorth hwn yn addas gan nad oedd isadeiledd yn Samoa i alluogi pobl i gyrraedd yr ysbyty a'i ddefnyddio; ac nid oedd gan y llywodraeth ddigon o arian i dalu am gyfarpar neu staff.

Mae *Water Aid* yn helpu datblygiad ac mae'n llwyddiannus **dd**. Mae ffynhonnau â gorchudd yn Zambia wedi helpu 5000 o bobl. Pympiau llaw sy'n cael eu defnyddio felly nid yw'r pentref yn dibynnu ar ddiesel neu drydan neu ddarnau newydd drud. Nid yw'r dŵr yn cael ei halogi gan ymgarthion pobl, gwrteithiau cemegol neu anifeiliaid marw oherwydd bod gorchudd ar y ffynhonnau. Mae llai o achosion o glefydau sy'n seiliedig ar ddŵr fel dolur rhydd a oedd yn gwneud rhieni yn llai cynhyrchiol ac yn lladd babanod a phlant. Mae *Water Aid* hefyd wedi adeiladu toiledau compost yng ngogledd India, sy'n defnyddio gwastraff dynol i greu tail glân, diogel ar gyfer cnydau. Byddai'n bosibl tyfu amrywiaeth ehangach o gnydau wedyn – naill ai i'w gwerthu neu i wella maethiad.

Mae gan Gyfundrefn Masnach y Byd (*WTO: World Trade Organization*) agwedd ddogmatig tuag at fasnach rydd. Mae masnach rydd yn cael ei chreu beth bynnag yw'r amgylchiadau. Yn achos masnach bananas ar Ynys Windward, mae masnach rydd wedi amharu ar ddatblygiad **d**.

Roedd rhaid dileu cwota ar gyfer nifer y bananas o'r tu allan i Ynys Windward a oedd yn cael eu hallforio i'r UE (sy'n bwyta 2/3 o'r holl fananas). Roedd y cwota hwn yn cael ei weithredu er mwyn amddiffyn masnach pobl yr ynys, gan mai bananas yw 51% o'r holl allforion ac sy'n creu 36% o'r holl swyddi. Heb y cwota, roedd planhigfeydd America yn gallu cael mynediad i'r farchnad. Mae gan gwmnïau fel Del Monte ddarbodion maint sy'n golygu eu bod yn gwerthu eu bananas yn rhatach na bananas Ynys Windward. O ganlyniad, mae pobl yn prynu bananas o UDA ac mae hanner y ffermwyr ar Ynysoedd Windward nawr yn ennill llai na $1 y dydd. Ar y llaw arall, pe bai'r cymhorthdal gwerth $600 yr hectar ar gyfer cotwm UDA yn cael ei ddileu, byddai prisiau cotwm UDA yn codi 25% ar farchnad y byd a byddai incwm ffermwyr Gorllewin Affrica yn $190 miliwn **dd**. Oherwydd y cymhorthdal, mae'n ddrutach prynu cotwm o Affrica, er ei fod yn cael ei gynhyrchu am 26c y cilo o gymharu â 96c y cilo yn UDA.

Y dewis arall i fasnach rydd yw masnach deg. Mudiad cymdeithasol sy'n gwerthu cynnyrch ar y farchnad yw masnach deg **dd**. Mae'n werth $5 biliwn y flwyddyn a chynyddodd ei werth 22% y flwyddyn (yn 2007 cyn y dirwasgiad). Mae'r ffermwyr yn derbyn 2-18% o werth y cynnyrch ac nid yw'r incwm yn newid yn ôl gwerth y farchnad, sy'n cynnig ffynhonnell sefydlog a dibynadwy o arian iddyn nhw. Mae'r 'premiwm masnach deg' yn mynd i'r sefydliadau sy'n rheoli'r ffermwyr, ac maen nhw'n buddsoddi mewn pethau sy'n helpu datblygiad, er enghraifft, prynu gwerth $200,000 o wrteithiau cemegol pan gododd prisiau olew – fel na fyddai costau ffermwyr yn cynyddu yn y dyfodol agos. Gallan nhw fuddsoddi mewn cronfeydd pensiwn hefyd, gan wneud yn siŵr bod plant yn gallu fforddio addysg hyd yn oed pan nad yw'r rhieni yn gallu gweithio ddim rhagor, sy'n gwella cyrhaeddiad addysgol, y potensial i gael gwaith a'r gallu i ddianc o'r trap tlodi. Mae'n bosibl defnyddio'r incwm ychwanegol i fuddsoddi mewn tractor neu waith prosesu er mwyn cynyddu cynhyrchedd neu ychwanegu gwerth at y cynnyrch sylfaenol. Yn anffodus, mae blociau masnach yn rhwystro ffermwyr rhag gwerthu nwyddau eilaidd **d**. Mae treth o 9% yn cael ei chodi ar ffa coffi amrwd o Affrica i'r UE. Mae treth o 16% yn cael ei chodi ar ffa coffi wedi'u rhostio. Mae ffa wedi'u rhostio o fewn yr UE yn rhatach ar gyfer defnyddwyr, felly nid yw pobl sy'n rhostio ffa yn Affrica yn elwa. Byddai sefydlu diwydiannau eilaidd yn gwella datblygiad trwy greu achosiaeth gronnus (*cumulative causation*) a'r lluosydd yn deillio o'r swyddi ychwanegol sy'n cael eu creu a diwydiannau cysylltedd ymlaen ac yn ôl fel ffatri poteli neu ddylunydd labeli. Hyd yn oed os oes cwotâu a thollau llym ar nwyddau, rwy'n dal i gredu bod masnach yn gallu helpu gwlad i ddatblygu. Sefydlodd China gylchfaoedd economaidd arbennig (*SEZ: special economic zones*) a oedd yn talu llai o drethi er mwyn hyrwyddo buddsoddiad tramor uniongyrchol (*FDI: foreign direct investment*). Dyma enghraifft o fath o globaleiddio, ac mae'r trethi a'r swyddi sy'n cael eu creu yn helpu i gyfrannu at y cynnydd o 13% yn economi China bob blwyddyn. Penderfynodd Malaysia reoli ei *FDI* trwy wahardd mewnforion ac eithrio cynhyrchion crai a chynhyrchion nad oedd y wlad yn gallu eu gweithgynhyrchu ei hunan (trwy bennu cwotâu a thollau ar gynhyrchion eraill). Roedd diwydiant cartref y wlad yn gallu elwa, arloesi a gwella wedyn ar ôl i'r fantais gymharol gael ei datblygu – llafur rhad neu barod neu ddarbodion maint; aethant ati i globaleiddio a rheoli eu marchnad. Digwyddodd rhywbeth tebyg yn Ne Korea gyda'r cwmni LG, a agorodd ffatri yn Ne Cymru maes o law. Ewyllys gwleidyddol sy'n rhannol gyfrifol am y llwyddiant ym Malaysia hefyd. (Roedd yr unben Mohamed mewn sefyllfa dda i orfodi polisïau; roedd yn unben mwy addfwyn ac roedd newidiadau'n cael eu gwneud er budd cyffredinol y wlad. Yn anffodus, nid yw'r un peth yn digwydd ym mhob gwlad.)

Yn Guinea Gyhydeddol (*Equatorial Guinea*), mae 'dinas' newydd gael ei chwblhau, gyda phwll nofio wedi'i wresogi, meysydd hofrenyddion, traethau artiffisial a chwrs golff 18 twll **d** ar gyfer yr uwchgynhadledd AV yn wythnos olaf mis Mehefin. Mae gwario arian fel hyn yn cael ei ddisgrifio fel 'eliffant gwyn' ac mae ar draul y boblogaeth leol – mae 75% o'r boblogaeth yn ennill $1 y dydd yn y wlad hon. Penderfynodd y llywodraeth anfon plant adref o'r ysgol yn gynnar hefyd oherwydd pryderon y bydden nhw'n achosi trafferth. Mae penderfyniadau o'r fath yn gallu niweidio unrhyw welliannau blaenorol ym maes datblygiad yn ddifrifol.

Roedd y *MDGs* yn cynnwys pob maes datblygiad, o iechyd cymdeithasol, cydraddoldeb rhwng y rhywiau, cynaliadwyedd amgylcheddol a datblygiad economaidd. Mae effaith gyfunol y polisïau hyn i'w gweld yn y llwyddiant hyd yn hyn. Mae nifer y bobl sy'n byw ar lai nag $1 y dydd wedi lleihau o 1.4 biliwn i 833 miliwn – sy'n arwydd o lwyddiant – ac mae rhagor o amser ar ôl nes i'r cyrchnodau ddod i ben yn 2015. Yn anffodus, ni fydd 40% o wledydd incwm isel yn cyrraedd targedau eu *MDGs* o ran cyfraddau marwolaethau babanod ac ni fydd yr un wlad incwm isel yn cyrraedd nodau cynaliadwyedd amgylcheddol. Ar hyn o bryd, dim ond 0.2% o gyfanswm CMC gwledydd *OECD* sy'n cyfrannu at y *MDGs*, sy'n llai na'r targed 0.7%. Mae llwyddiant yn gyfyngedig felly. Fodd bynnag, ffigur cyfartalog yn unig yw hwn, ac mewn llawer o achosion mae datblygiad wedi gwella, gan ddibynnu ar sut mae'r polisi wedi'i weithredu. Mae'n ymddangos bod y llwyddiant mwyaf wedi dod trwy ganolbwyntio ar fesurau cyfranogol o'r gwaelod i fyny ar raddfa fechan, sy'n helpu i sicrhau datblygiad naturiol ac araf, gan sicrhau cynaliadwyedd economaidd a chymdeithasol **e**. Felly rwy'n cytuno nad yw strategaethau ar gyfer lleihau'r bwlch datblygiad yn effeithiol bob amser, yn anffodus. Mae'r rhesymau dros eu diffyg llwyddiant yn amrywio o wlad i wlad, ac yn cynnwys diffyg democratiaeth, llygredd neu ddyled anghynaliadwy (sef 200% o gyfanswm incwm o allforion).

Ⓐ Dyfarnwyd marc o 25/25. Dyma ateb ardderchog arall. Mae'r myfyriwr wedi ysgrifennu ateb manwl a chynhwysfawr iawn, gan drafod mewn ffordd gytbwys drwy'r amser cyn **e** dod i gasgliad cyffredinol ynglŷn ag effeithiolrwydd amrywiaeth o strategaethau.

Enghraifft 4 **Asia Ddatblygol**

Mae'r cwestiwn hwn yn seiliedig ar Thema 6(a): China, Cwestiwn Allweddol 1.4

Disgrifiwch ac eglurwch yr anghydraddoldebau cynyddol rhwng ardaloedd gwledig a threfol yn China.   (25 marc)

Ⓐ Mae'r cwestiwn hwn yn cynnwys dau air gorchymyn, sef 'disgrifiwch' (nodi nodweddion nodedig a rhoi manylion disgrifiadol, ffeithiol) ac 'eglurwch' (rhoi rhesymau neu achosion) ac mae'n rhaid i chi ymateb i'r ddau air. Dylech nodi manylion yr anghydraddoldebau cynyddol rhwng ardaloedd gwledig a threfol yn China a'r rhesymau dros bob un.

Ateb y myfyriwr i gwestiwn 4

Y prif reswm dros yr anghydraddoldebau difrifol rhwng ardaloedd gwledig a threfol yn China yw mudo a threfoli a datblygiad economaidd cyflym y wlad yn ddiweddar. Y gymhareb incwm rhwng ardaloedd trefol a gwledig yw 4:1, sy'n dangos yr anghydraddoldebau a'r gwahaniaethau economaidd rhwng ardaloedd trefol a gwledig **a**. Mae ardaloedd gwledig yn dioddef mwy o anghydraddoldeb cymdeithasol ac economaidd nag ardaloedd trefol ac mae ganddyn nhw safon byw is o lawer yn aml. Er gwaetha'r ffaith fod 200 miliwn o bobl wedi dianc rhag tlodi dros y tri degawd diwethaf, ac er bod rheolaeth economaidd wedi'i llacio, mae polisi cymdeithasol statig China wedi cynyddu anghydraddoldeb rhwng ardaloedd gwledig ac ardaloedd trefol.

Ⓐ Mae'r myfyriwr hwn wedi cynnwys rhywfaint o fanylion yn ei **a** ddisgrifiad a'i **b** esboniad.

Mae dros 80% o bobl sy'n mudo yn China yn symud i ardaloedd trefol a llai na 18% yn symud i ardaloedd gwledig. O ganlyniad, mae China wledig yn wynebu problemau lle mae'r strwythur cymdeithasol yn newid gan fod dros 70% o'r mudwyr sy'n symud i'r ardaloedd trefol o oedran gweithio **b**. Felly mae China drefol wedi datblygu'n gyflym ac mae safon byw trigolion trefol wedi codi. Ar y llaw arall, mae economi ardaloedd gwledig wedi dirywio oherwydd bod gweithwyr ifanc, cryf sydd eu hangen ar gyfer gwaith amaethyddol llafur-ddwys mewn ardaloedd gwledig wedi gadael. Mae lefelau incwm teuluoedd gwledig wedi dirywio, yn wahanol i incwm cynyddol y gweithwyr trefol. Roedd lefelau incwm Shanghai trefol 12 gwaith yn fwy na lefelau incwm Guizhou gwledig yn 2007, sy'n dangos yr anghydraddoldebau economaidd cynyddol sydd wedi deillio o fudo ar raddfa fawr i ardaloedd trefol o ganlyniad i'r cynnydd mewn trefoli **a**. Mae ardaloedd gwledig yn wynebu anghydraddoldeb cymdeithasol o ganlyniad i fudo hefyd; yn ogystal â'r ffaith fod rhwng 13 a 20 miliwn o blant yn China wledig yn dod o deuluoedd lle mae o leiaf un rhiant wedi symud i ardal drefol yn barhaol er mwyn gweithio, mae'r system gofrestru Hukou yn gwahaniaethu yn erbyn mudwyr gwledig mewn ardaloedd trefol drwy eu hatal rhag defnyddio gwasanaethau lles, iechyd ac addysg sylfaenol. O ganlyniad, mae ardaloedd (a dinasyddion) gwledig yn wynebu anghydraddoldeb cymdeithasol ac economaidd cynyddol o gymharu ag ardaloedd trefol, sy'n datblygu'n gyflym ac yn dod yn fwy llewyrchus.

Polisïau economaidd llywodraeth China sy'n bennaf gyfrifol am lawer o'r anghydraddoldebau gwledig-trefol **b**. Elwodd yr ardaloedd trefol yn economaidd yn yr 1980au ar draul yr ardaloedd gwledig wrth i Gylchfaoedd Economaidd Arbennig gael eu sefydlu, fel yn Shenzhen, a datblygu 'Dinasoedd Agored' fel Shanghai. Rhaid nodi hefyd nad oedd manteision i bob ardal drefol, a'r dinasoedd yn ardaloedd mwy poblog y de-ddwyrain a'r arfordir a welodd y budd economaidd yn hytrach na'r wlad gyfan. O ganlyniad, mae anghydraddoldeb gofodol yn China yn ogystal ag anghydraddoldebau gwledig-trefol **c**. Oherwydd y broses ddiwydianeiddio gyflym a ddeilliodd o fentrau'r llywodraeth, elwodd ardaloedd trefol arfordir y dwyrain yn anghymesur o gymharu ag ardaloedd gwledig a mewndirol. Datblygodd Shanghai i fod y dalaith fwyaf cyfoethog yn China, ac erbyn 2007 roedd yn derbyn buddsoddiad tramor uniongyrchol gwerth $40 biliwn. Felly, dyma'r rheswm dros ragoriaeth economaidd ardaloedd trefol o gymharu â thlodi cymharol ardaloedd gwledig.

c Mae'r myfyriwr yn nodi bod amrywiadau gofodol rhwng y dwyrain a'r gorllewin, gydag ardaloedd gwledig y gorllewin yn fwy difreintiedig.

Mae ehangiad trefol wedi cyfrannu'n sylweddol at gynyddu anghydraddoldebau rhanbarthol **b**. Mae 47% o boblogaeth China wedi'i threfoli nawr, ac mae'r ffaith fod ardaloedd trefol yn dechrau meddiannu tir amaethyddol a gwledig – i'r graddau bod 33% y pen o dir gwledig wedi'i golli ers 1990 – wedi cael effaith niweidiol ar economïau gwledig sy'n dibynnu llawer ar amaethyddiaeth. Mae ardal drefol Shanghai wedi ehangu 486% gan leihau tir amaethyddol yn sylweddol mewn gwlad sydd ag 20% o boblogaeth y byd ond dim ond 7% o dir fferm. Tra nad yw ardaloedd trefol yn dioddef anfanteision ehangiad trefol ar sicrwydd bwyd China hyd yma, ac yn parhau i fwynhau manteision economaidd trefoli, mae ardaloedd gwledig yn dioddef. Mae 70% o economïau gwledig China yn dibynnu ar amaethyddiaeth, ac mae'r lleihad mewn cnydau yn effeithio ar safonau byw ardaloedd gwledig, yn enwedig yn y gogledd cras lle mae'r tir yn llai ffrwythlon. Yn ogystal, er bod ehangiad trefol yn cynnig marchnad ehangach bosibl ar gyfer ardaloedd gwledig, mae diffyg isadeiledd datblygedig yn amharu ar eu gallu i fasnachu ac mae anghydraddoldebau rhwng ardaloedd gwledig a threfol yn parhau.

Mae polisïau poblogaeth y llywodraeth wedi cynyddu anghydraddoldebau yn China ymhellach **b**. Er na chafodd Polisi Un Plentyn 1978 ei orfodi mor llym mewn ardaloedd gwledig, mae wedi lleihau gweithlu China wledig yn sylweddol. Tra bod y polisi wedi cael llai o effaith ar drigolion trefol, mae'r ffaith fod llai o weithwyr ar gael i ffermio wedi lleihau cynhyrchedd amaethyddol a gostwng safonau byw gwledig ymhellach. Yn ogystal, mae'r broblem o boblogaeth sy'n heneiddio wedi cael mwy o effaith ar ardaloedd gwledig – bydd 16% o'r boblogaeth dros 60 oed erbyn 2020 a bydd y gymhareb ddibyniaeth wedi disgyn i ddim ond 3 gweithiwr i 1 person i'w gynnal. Yn Sechuan gwledig, mae'r patrwm dibyniaeth 4-2-1 y mae'n rhaid i blentyn sengl ei gynnal yn gyffredin mewn 30% o deuluoedd ac mae disgwyl iddo godi. Mae caledi cymdeithasol teuluoedd gwledig (lle mae teidiau a neiniau yn byw gyda'r plant fel arfer) yn arwain at ddiffyg diogelwch cymdeithasol ar gyfer poblogaeth sy'n heneiddio. Mae mynediad gwael i ofal iechyd mewn ardaloedd gwledig – dim ond 3.8% sydd â mynediad – yn gwaethygu'r problemau hyn ymhellach.

Yn ogystal, mae ardaloedd trefol China wedi elwa llawer mwy oherwydd globaleiddio o gymharu ag ardaloedd gwledig **b**. Tra bod incwm trefol wedi cynyddu chwe gwaith oherwydd rhagor o *FDI* ($93.7 biliwn yn 2008) yn y 'Dinasoedd Agored' ar arfordir y dwyrain, gan greu rhagor o bobl ddosbarth canol a chymdeithas fwy ffyniannus, mae lefelau incwm gwledig wedi aros yn sefydlog a hyd yn oed wedi gostwng 12% yn ardal dlawd Mongolia Fewnol. Mae ardaloedd trefol fel Shanghai wedi manteisio ar y farchnad fwy byd-eang, ac mae safon byw'r trigolion wedi cynyddu 60% ers 1990.

Er gwaethaf y twf economaidd enfawr yn China, gyda CMC y wlad yn tyfu i gyfanswm uchel iawn o $3.5 triliwn erbyn 2009, mae'n amlwg bod effeithiau'r twf wedi'u lledaenu yn anghymesur. Tra bod safonau byw ardaloedd trefol wedi cynyddu o ganlyniad i ddatblygiad China, mae ardaloedd gwledig wedi dioddef rhagor o anghydraddoldeb o ganlyniad i fudo o ardaloedd gwledig i ardaloedd trefol, poblogaeth sy'n heneiddio a dirywiad mewn amaethyddiaeth. Mae datblygiad China wedi bod yn annodweddiadol o wlad sy'n datblygu ar sawl ystyr, ac mae'r ffaith nad yw ardaloedd trefol a gwledig wedi rhannu manteision datblygiad yn gyfartal yn nodwedd bwysig.

Ⓐ **Dyfarnwyd marc o 25/25.** Ateb ardderchog. Mae'r myfyriwr hwn wedi disgrifio anghydraddoldebau trefol-gwledig yn fanwl, gyda chymorth ystadegau yn aml, ac mae wedi cyflwyno amrywiaeth o resymau cysylltiedig amdanynt.

Adran B: Ymholiad ymchwil unigol

Enghraifft 5 Microhinsoddau: microhinsoddau dyffryn

(a) Nodwch a chyfiawnhewch ddulliau o gyflwyno data y byddai'n bosibl eu defnyddio mewn ymchwiliad i ficrohinsoddau dyffryn.

(10 marc)

a Mae'r cwestiwn hwn yn cynnwys dau air gorchymyn sy'n asesu eich gallu i ddefnyddio dealltwriaeth a gwerthuso (AA2) amrywiaeth o sgiliau a thechnegau (AA3) sy'n cael eu defnyddio wrth gyflwyno data ar gyfer y testun a ddewiswyd gennych. Y geiriau gorchymyn yw *nodwch* (nodi ac enwi o blith sawl dull posibl) a *chyfiawnhewch* (egluro pam mae eich dewis yn well na'r opsiynau posibl) ac mae'n hanfodol eich bod yn ymateb i'r ddau air gorchymyn. Mae'r ymadrodd 'y byddai'n bosibl eu defnyddio' yn rhoi cyfle i chi gyfeirio at ddulliau addas eraill o gyflwyno data, er i chi benderfynu peidio â'u defnyddio ar gyfer eich ymchwil eich hun.

Ateb y myfyriwr i enghraifft 5

Yn fy ymchwiliad i ficrohinsoddau dyffryn, rydw i wedi cyflwyno data mewn sawl ffordd. Rydw i wedi defnyddio graff pegynol i gyflwyno tymheredd ac agwedd (*aspect*) **a**. Roedd hyn yn effeithiol oherwydd roedd yn rhoi trosolwg 360° i mi o'r data. Fodd bynnag, roedd y segmentau'n mynd yn llai ac yn llai wrth agosáu at ganol y cylch. Felly roedd yn anodd darllen data a oedd wedi'u cywasgu yn y canol **b**. Defnyddiais graff gwasgariad i ddangos y tymheredd gwahanol ar ddwy ochr y dyffryn **a**. Felly roeddwn yn gallu cymharu setiau tebyg o ddata. Yn ogystal, roeddwn yn gallu dadansoddi'r chwartelau uchaf ac isaf a'r canolrif. Roedd y canolrif yn weledol ac yn bwysig i ochr ddadansoddol fy ymchwiliad.

[Roedd graff gwasgariad y myfyriwr yn ymddangos yma]

Fodd bynnag, fel mae'r diagram hwn yn ei ddangos, ni fyddai'r graff gwasgariad yn effeithiol wrth geisio cyflwyno data fel agwedd – lle mae angen trosolwg 360° **b**.

Defnyddiais graff gwasgariad i gyflwyno cyflymder y gwynt ac uchder gan eu bod yn dangos data di-dor **a**. Roedd y graff gwasgariad yn caniatáu i mi gymharu cydberthyniadau (*correlations*), gweld tueddiadau a chyflwyno data yn gliriach. Fodd bynnag, roedd yn anoddach dadansoddi data a oedd wedi'u cywasgu **b**. Fodd bynnag, roeddwn i'n gallu defnyddio'r data i ddarganfod cydberthyniad rhestrol Spearman – a defnyddiais Excel i wneud hyn. Cefais gysylltiad ystadegol o'r hafaliad mathemategol hwn ac roeddwn i'n gallu nodi cryfder y cydberthyniad. Mae cydberthyniad rhestrol Spearman yn ffordd gywir o asesu ac mae ei chywirdeb yn dibynnu ar nifer o setiau data – nid dim ond gwerth y cydberthyniad trwy edrych arno **c**.

Defnyddiais saeth gyfraneddol **a** i gyflwyno cyfeiriad a chyflymder y gwynt. Defnyddiais bapur dargopïo – a'i osod dros fap o'r dyffrynnoedd – Cwm Idwal a Nant Ffrancon. Roedd hwn yn ddull gweledol o gyflwyno'r data ac roedd yn dangos y data yn fwy clir **b**.

a **Dyfarnwyd marc o 8/10.** **a** Mae'r ateb cryf hwn yn nodi pedwar dull o gyflwyno data sy'n cysylltu'n effeithiol â'r testun **b** Mae'r myfyriwr yn cyfiawnhau pob dull. **c** Nid yw'r cyfeiriad at ddull cydberthyniad rhestrol Spearman yn briodol yn y cyswllt hwn gan mai dull dadansoddi ydyw, nid dull o gyflwyno data. Ateb Lefel 3 yw hwn a byddai'n ennill gradd A.

Enghraifft 6 **Afonydd: gwaddodion afon**

(a) Amlinellwch sut byddai'n bosibl casglu gwybodaeth mewn ymchwiliad i waddodion afon. (10 marc)

a Mae'r cwestiwn hwn yn cynnwys y gair gorchymyn *amlinellwch* (rhoi crynodeb byr o'r prif nodweddion), sy'n asesu eich gallu i ddefnyddio dealltwriaeth a gwerthuso (AA2) amrywiaeth o sgiliau a thechnegau (AA3) sy'n cael eu defnyddio wrth gasglu gwybodaeth ar gyfer y testun a ddewiswyd gennych. Dylech roi crynodeb byr o sut byddai'n bosibl cael gwybodaeth neu ddata (casglu data cynradd a/neu eilaidd) yng nghyd-destun eich ymchwiliad i waddodion afon. Mae'r ymadrodd 'byddai'n bosibl' yn rhoi cyfle i chi gyfeirio at ddulliau addas eraill o gasglu gwybodaeth, er i chi benderfynu peidio â'u defnyddio ar gyfer eich ymchwil eich hun.

Ateb y myfyriwr i enghraifft 6

Mewn ymchwiliad i waddodion afon, mae'n bosibl hapsamplu i ddewis y safleoedd i'w hymchwilio ar hyd yr afon **a**. Mae'n rhaid ymchwilio i tua deg safle er mwyn casglu'r wybodaeth sydd ei hangen ar gyfer yr ymchwiliad.

Ar ôl dewis y safleoedd mae angen casglu'r data. Er mwyn casglu'r data mae'n rhaid i chi fesur lled, dyfnder, cyflymder, llwyth y gwely a llwyth y gwaddod **b**. Er mwyn mesur y lled mae'n rhaid i chi fesur o ddwy ochr y lan. Er mwyn nodi'r lled llawn, mae'n rhaid i chi fesur o ben y ddwy lan, lle mae'r dŵr yn cyrraedd ar ôl glawiad trwm. Mae angen pren metr a thâp mesur 0.5 m i fesur y dyfnder. Rydych yn mesur y dyfnder pob 0.5 m gyda phren metr a chofnodi bob tro nes cyrraedd yr ochr arall.

[Roedd diagram y myfyriwr yn ymddangos yma] **c**

Er mwyn mesur y cyflymder, gallwch ddefnyddio fflôt a mesur darn 10 metr ar hyd yr afon a nodi faint o amser mae'n ei gymryd i'r fflôt deithio'r 10 metr, gan wneud yr un peth dair gwaith **b**. Neu gallwch ddefnyddio mesurydd llif a'i roi yng nghanol yr afon er mwyn cael darlleniad cyfartalog. Mae'r mesurydd llif yn rhoi darlleniad uniongyrchol trwy gofnodi nifer y darlleniadau dros 1 munud ac mae'n bosibl defnyddio siart trawsnewid i gyfrifo cyflymder yr afon wedyn. Cafodd y darlleniadau eu gwneud tair gwaith.

Er mwyn mesur llwyth y gwely **b**, mae'n rhaid i chi ddefnyddio hapsampl o'r ardal a chasglu 20 sampl o lwyth y gwely **a**. Wedyn mesurwch echelin-*y* creigiau ar gyfer pob sampl a'r indecs crymder Cailleux. I wneud hyn mae'n rhaid i chi ddewis y pen pigfain a'i fesur gyda'r indecs Cailleux. Gallwch ddefnyddio'r indecs siâp Powers i nodi categori'r siâp hefyd sy'n dangos a yw'r graig yn onglog neu'n grwn.

Mae angen potel blastig gyda dau diwb i fesur llwyth y gwaddod: un y tu allan i'r afon a'r llall yn wynebu'r llif **b**. Mae'n rhaid i chi ddal y botel yng nghanol yr afon rhwng y gwely a'r brig a'i dal yno nes bod y botel yn llawn. Labelwch y botel wedyn.

ⓐ **Dyfarnwyd marc o 6/10. a** Mae'r myfyriwr hwn wedi cyfeirio at y technegau samplu a gafodd eu defnyddio, ond nid yw wedi trafod ei ddewis. **b** Mae'r ateb yn gywir ond braidd yn gyffredinol, ac nid yw'n datblygu'r dulliau a gafodd eu defnyddio nac yn cynnwys manylion penodol, yn enwedig mewn perthynas ag amcan yr ymchwiliad. **c** Mae cynnwys diagram yn helpu'r esboniad yn aml. Ateb Lefel 2 yw hwn a byddai'n ennill gradd C.

Enghraifft 7 **Microhinsoddau: microhinsoddau dyffryn**

(b) Amlinellwch brif ganfyddiadau eich ymchwil personol ar ficrohinsoddau dyffryn a gwerthuswch eich dulliau o ddarganfod gwybodaeth.

(15 marc)

a Fel mae'r fanyleb Safon Uwch yn ei nodi, bydd cwestiwn (b) yn archwilio canfyddiadau ymchwil personol yr ymgeisydd, felly mae'n hanfodol eich bod yn gallu cofio eich canfyddiadau yn eithaf manwl a chynnwys tystiolaeth ac ystadegau ategol. Mae'r cwestiwn hwn hefyd yn gofyn i ymgeiswyr werthuso'r dulliau a gafodd eu defnyddio i gasglu gwybodaeth. Mae'n rhaid i chi ymateb i'r ddau air gorchymyn, gan y bydd ymateb anghytbwys yn cyfyngu eich marc i Lefel 2 (5-8 marc) neu is.

Ateb y myfyriwr i enghraifft 7

Nod fy ymchwiliad i ficrohinsoddau dyffryn oedd darganfod a oedd tymheredd y ddaear yn uwch ar lethrau sy'n wynebu'r de, a oedd y gwynt yn gyflymach ar ben y dyffryn ac a oedd y gwyntoedd yn gweithredu mewn ffordd **a** anabatig **b**.

Defnyddiais 37 set data ar gyfer fy rhagdybiaeth gyntaf, sef 'roedd tymheredd y ddaear yn uwch ar lethrau sy'n wynebu'r de' **c**. Trwy fy ymchwil cefndir roeddwn i'n gwybod bod llethrau Cwm Idwal sy'n wynebu'r de yn cael llawer o haul yn ystod y dydd oherwydd yr arwynebedd arwyneb isel. Yn y nos, roedd hyn yn arwain at wrthdroad tymheredd (*temperature inversion*) (aer oer ar lethrau'r dyffryn ac aer cynhesach ychydig yn uwch) sy'n creu llinell niwl weladwy ar hyd y llinell cyddwysiad dŵr **ch**. Felly defnyddiais fesurydd Skywatch gydag anemomedr a thermomedr i fesur y tymheredd. Yn ôl y dechneg samplu systematig a ddefnyddiais, stopiais bob 200 m i ddal y mesurydd Skywatch 2 cm uwchben y ddaear. I wneud y prawf yn deg, arhosais am 1 munud er mwyn addasu i'r amgylchedd cyn mesur y tymheredd yn y cysgod fel na fyddai'r elastig yn mynd yn boeth. Dilynais yr un dull bob tro er mwyn sicrhau cywirdeb manwl. Yn ogystal, cafodd data eu cofnodi ar yr un pryd â fy rhai i, gan grŵp o ddaearyddwyr ar lwybrau gwahanol o gwmpas y dyffryn er mwyn gwneud yn siŵr bod y data mor gywir â phosibl **d**.

Cyflwynais y data tymheredd mewn graff gwasgariad a graff pegynol (gan ddefnyddio cwmpawd i gofnodi'r agwedd). Canolrif llethrau'r de oedd 23.7°C o gymharu ag 20.3°C ar lethr y gogledd-ddwyrain **ch**. Mae hyn yn dangos pa mor effeithiol oedd fy ymchwil cefndir a dyma'r casgliad mwyaf llwyddiannus o'r tair rhagdybiaeth. Roedd fy nulliau yn ddilys ac yn deg ac felly roedd yn bosibl profi bod fy rhagdybiaeth yn gywir **d**.

Defnyddiais 38 set data ar gyfer fy ail ragdybiaeth, sef 'roedd y gwynt yn gyflymach ar ben y dyffryn' **c**. Defnyddiais fesurydd Skywatch i fesur cyflymder y gwynt gan ei ddal ar hyd braich. Mesurais y cyflymder dair gwaith, gan nodi'r cyfartaledd. Drwy ddilyn yr un drefn bob tro, llwyddais i wneud yn siŵr bod fy nulliau o gasglu gwybodaeth yn ddilys ac yn gywir **d**. Yn ôl fy ngwybodaeth gefndir, mae'r gwynt mewn ardaloedd â gwyntoedd cyflym yn gryfach yn ystod y dydd nes cyrraedd penllanw ganol y prynhawn – sef yr amser pan fesurais y gwynt. Roedd hyn yn sicrhau fy mod i'n cofnodi'r data ar yr amser gorau posibl. Defnyddiais graff gwasgariad a chydberthyniad rhestrol Spearman i gyflwyno fy nghanfyddiadau. Roedd cydberthyniad rhestrol Spearman yn dangos darlleniad o 0.245 o gymharu â 0.274 ar gyfer tebygolrwydd o 95% **ch**. Roedd hyn yn awgrymu bod fy anomaleddau – chwe darlleniad o sero – wedi amharu ar fy nghanlyniadau. Os byddwn i'n cynnal yr ymchwiliad eto, byddwn yn defnyddio dau neu dri anemomedr i ddileu unrhyw anomaleddau. Fodd bynnag, roedd yn ymddangos bod fy nulliau casglu gwybodaeth yn gywir, a byddai ail-wneud y broses ar ddiwrnod gwahanol yn gwneud yn siŵr eu bod yn hollol gywir. Fodd bynnag, er nad oedd fy nata yn cydberthyn yn gyfan gwbl, roedd yn awgrymu bod y gwynt yn gryfach ar ben y dyffryn.

Fy rhagdybiaeth olaf oedd, 'bydd y gwyntoedd yn gweithredu mewn ffordd anabatig' **c**. Yn ôl fy ymchwil cefndir, roeddwn i'n gwybod bod yr haul yn cynhesu llethrau dyffrynnoedd yn y dydd a bod aer yn codi ac yn creu gwynt i fyny'r llethr. Er mwyn mesur hyn, chwythais swigod a chodi'r anemomedr uwch fy mhen i weld y cyfeiriad. Gweithiodd hyn yn dda – ond gallai chwa o wynt sydyn amharu ar fy nghanlyniadau ac mae'r perygl o wall dynol yn uchel.

Fodd bynnag, defnyddiais yr un drefn bob tro er mwyn sicrhau cywirdeb **d**. Defnyddiais droshaen gyfrannol a chyfeiriadol ar fap o Gwm Idwal a Nant Ffrancon. Roedd y data ar yr ochr ddwyreiniol yn dangos beth oeddwn yn ei ddisgwyl – gwynt o'r gogledd/y gogledd-ddwyrain/y dwyrain yr un fath â'm rhagdybiaeth – ac roedd saith set o ddata yn cadarnhau hyn **ch**. Ar gyfer y data ar ochr orllewinol y dyffryn, roedd yn dangos y gwynt yn sianeli ar hyd y dyffryn, a oedd yn cyd-fynd â fy rhagdybiaeth i ryw raddau **ch**. Oni bai bod y tywydd bron yn gyfan gwbl antiseiclonig, bydd y gwynt cyffredinol yn gryfach nag anabateg.

Yn gyffredinol, er mwyn gallu honni bod fy rhagdybiaethau yn gywir, byddwn yn ail-wneud fy ymchwiliad ar ddiwrnod gwahanol – pan oedd amodau'r tywydd yn wahanol. Efallai y byddwn yn cynnal yr ymchwiliad yn y gaeaf ac ar ddiwrnod pan nad oedd antiseiclon er mwyn gwneud yn siŵr bod yr amodau yn gwbl wahanol. Roeddwn wedi gwneud popeth posibl i wneud yn siŵr bod y data a'r dulliau casglu data a ddefnyddiais yn ddilys ac yn gywir – trwy ddefnyddio'r un drefn bob tro, gwneud yn siŵr bod y data wedi'u profi ymlaen llaw – a graddnodi (*calibrate*) unrhyw gyfarpar. Yr amodau tywydd oedd y diffyg mwyaf yn fy ymchwiliad. Roeddwn i'n gwybod bod microhinsoddau yn bodoli am gyfnod byr yn unig felly roeddwn wedi gwneud yn siŵr bod y data yn cael eu casglu ar yr un pryd fel bod y canlyniadau'n fanwl gywir **d**. O ganlyniad, rwy'n credu bod fy nghanfyddiadau'n llwyddiannus ac yn deg.

ⓓ Dyfarnwyd marc o 15/15. Mae hwn yn ateb da iawn ac mae'r myfyriwr wedi llwyddo i ysgrifennu llawer yn yr amser a oedd ar gael. **a** Mae'r ateb yn defnyddio terminoleg ddaearyddol sy'n berthnasol i'r testun. **b** Mae'r myfyriwr wedi nodi amcan yr ymholiad ymchwil yn glir o'r cychwyn. **c** Mae'n nodi tair rhagdybiaeth ar wahân. O'r manylion sy'n cael eu rhoi yn yr ateb hwn mae'n amlwg bod y myfyriwr wedi cyflawni'r gwaith ymchwil angenrheidiol ac wedi ei ddeall. **ch** Mae'r ateb hefyd wedi ymateb yn uniongyrchol i'r geiriau gorchymyn allweddol yn y cwestiwn ac mae'r canfyddiadau wedi'u cyflwyno yn fanwl ac yn cael eu mesur yn aml. **d** Mae'r fethodoleg yn fanwl, yn soffistigedig ac yn cael ei gwerthuso yn glir, gan gynnwys sylwadau ar ddulliau posibl o'i gwella. Ateb Lefel 4 yw hwn a byddai'n ennill gradd A.

Enghraifft 8 Hamdden ac adloniant: hamdden, adloniant ac adfywiad trefol

> **(b) Crynhowch brif gasgliadau eich ymchwil personol i hamdden, adloniant ac adfywiad trefol a thrafodwch sut mae'r casgliadau hyn yn cefnogi eich amcanion cychwynnol. Nodwch deitl eich ymchwiliad.**
>
> (15 marc)

ⓐ Fel mae'r fanyleb Safon Uwch yn ei nodi, bydd cwestiwn (b) yn archwilio canfyddiadau (gan gynnwys casgliadau) eich ymchwil, felly mae'n hanfodol eich bod yn crynhoi eich casgliadau yn eithaf manwl a chynnwys tystiolaeth ac ystadegau ategol. Mae'r cwestiwn hwn hefyd yn gofyn i chi drafod sut mae'r casgliadau hyn yn cefnogi eich amcanion cychwynnol. Mae'n rhaid i chi ymateb i'r ddau orchymyn, gan y bydd ymateb anghytbwys yn cyfyngu eich marc i Lefel 2 (5-8 marc) neu is.

Ateb y myfyriwr i enghraifft 8

'Wrth i chi agosáu at X, mae Adfywiad Trefol, Hamdden ac Adloniant yn fwy amlwg.'

Roedd fy ymchwil personol yn dilyn y rhagdybiaeth uchod, roeddwn yn ymchwilio i'r cysylltiad rhwng hamdden ac adfywiad mewn perthynas ag adfywiad trefol, ar ôl casglu'r holl wybodaeth yng nghwestiwn (a) edrychais ar fy **d** nghanlyniadau gan ddod i'r casgliad bod y rhagdybiaeth yn gywir iawn.

Roedd fy nghyhfrifiad o'r cerddwyr yn dangos bod nifer y bobl yn yr ardal a oedd wedi'i hadfywio yn sylweddol uwch nag yn yr ardal nad oedd wedi'i hadfywio **a**, roedd hyn yn cysylltu'n uniongyrchol â'r ffaith fod adfywio yn dod â chyfleusterau fel canŵio, hwylio a llawer mwy ynghyd â chaffis, tai bwyta a siopau, sy'n golygu mai'r siopau a'r cyfleusterau hyn yw'r prif reswm dros y gwahaniaeth yn nifer y bobl.

(a) **a** Mae'r myfyriwr yn dod i'r casgliad bod yr ardal a oedd wedi'i hadfywio yn cynnwys mwy o bobl, ond nid yw'n cynnwys unrhyw ffigurau i gefnogi'r canfyddiad hwn.

Roedd fy nghyhfrifiad o'r sbwriel yn dangos bod llai o sbwriel yn yr ardal a oedd wedi'i hadfywio **b** er bod mwy o bobl, sy'n golygu bod y cyngor **d** yn gofalu'n dda am yr ardal hon. Yn yr ardaloedd eraill roedd yn ymddangos bod llawer iawn mwy o sbwriel ond ychydig iawn o bobl o gwmpas, a'u bod yng nghysgod yr ardal a oedd wedi'i hadfywio i raddau.

(a) **b** Unwaith eto, mae'r myfyriwr yn dod i gasgliad ond nid yw'n cynnwys unrhyw ffigurau.

Roedd rhifau cofrestru'r ceir yn yr ardal a oedd wedi'i hadfywio yn dangos bod y rhan fwyaf o'r ceir yn newydd ac yn ddrud tra bod y ceir yn yr ardaloedd eraill yn gymharol hen ac yn rhai ail-law, mae hyn yn dangos bod **d** y bobl fwy cyfoethog yn berchen ar geir mwy newydd a mwy drud, bod ganddynt incwm gwario uwch a'u bod yn gallu cymryd rhan mewn gweithgareddau hamdden ac adloniant a dyna pam eu bod nhw yn ardal X a oedd wedi'i hadfywio. **c**

(a) **c** Mae'r casgliadau yn gyffredinol iawn eto.

Roedd data'r cyfrifiad yn dangos bod y bobl a oedd yn byw yn yr ardal a oedd wedi'i hadfywio yn ennill cyflogau uwch neu incwm deuol gyda phartner, sy'n awgrymu bod y llety yn ddrud. **c**

Roedd y mapiau defnydd tir yn ddefnyddiol iawn oherwydd eu bod yn dangos graddfa'r adfywiad, faint o waith adfywio oedd wedi ei wneud a nifer y cyfleusterau hamdden ac adloniant. Roeddwn hefyd yn gallu plotio fy nghyhfrifiad o gerddwyr ar y map i ddangos pa gyfleusterau oedd yn agos at y bobl. **c**

Roedd yr holiaduron yn awgrymu bod y rhan fwyaf o'r bobl yn weithgar ac yn defnyddio'r cyfleusterau ar yr afon. **c**

Roedd fy rhagdybiaeth yn gywir iawn **ch** ac yn dilyn tuedd y gweithgareddau yn X.

(a) **Dyfarnwyd marc o 7/15.** Mae'r traethawd hwn yn amlinellu'r technegau ymchwilio a ddefnyddiwyd a'r casgliadau a wnaed, ond maen nhw i gyd yn gyffredinol. Gan nad yw'r myfyriwr wedi gwerthuso ei gasgliadau yn effeithiol yn unol â gofynion y cwestiwn, nid yw'n gallu ennill marc uchel oherwydd nad yw wedi ymateb i'r ddau air gorchymyn. O ganlyniad, bydd ei farc yn cael ei gyfyngu i Lefel 2 (5-8 marc) neu is. **ch** Mae'r frawddeg olaf yn cynnig gwerthusiad o ryw fath. **d** Yn ogystal, mae ansawdd yr iaith, yn enwedig yr atalnodi, yn amrywio ac yn amharu ar lif y traethawd. Byddai wedi bod yn bosibl archwilio rhai o'r canlyniadau yn feirniadol er mwyn profi a oeddent yn gywir. Ateb Lefel 2 yw hwn a byddai'n ennill gradd D.

Atebion gwirio gwybodaeth

1 Mae'r strategaethau'n cynnwys plannu coed i greu cysgod ac i atal y gwynt; rheoli pori; ail-hadu ardaloedd gyda chnydau newydd sy'n gwrthsefyll sychder; defnyddio 'cerrig hud' i gasglu lleithder.

2 Mae gan blanhigion wreiddiau byr er mwyn osgoi rhew parhaol a dail bach er mwyn cyfyngu ar drydarthiad. Mae planhigion yn dywyll ac yn flewog hefyd. Mae natur dywyll eu cnawd yn amsugno gwres solar, ac mae'r blew yn helpu i ddal y gwres a'i gadw'n agos at arwyneb y planhigyn. Mae blodau rhai planhigion yn debyg i ddysglau sy'n dilyn yr haul. Mae addasiadau anifeiliaid yn cynnwys bod â breichiau a choesau byr a chryf, plu neu ffwr trwchus sy'n newid lliw – brown yn yr haf a gwyn yn y gaeaf, haen o fraster trwchus sy'n datblygu'n gyflym yn y gwanwyn er mwyn sicrhau egni a gwres cyson dros fisoedd y gaeaf, ac mae llawer o anifeiliaid y twndra wedi addasu er mwyn gwneud yn siŵr nad yw hylifau eu cyrff yn rhewi.

3 Mae'r rhan fwyaf o'r plicio yn digwydd ar y mur cefn. Mae'r deunydd sy'n cael ei erydu gan y plicio (marian) yn cael ei ddefnyddio wedyn i sgrafellu gwaelod y peiran, a'i wneud yn ddyfnach.

4 Mae dyddodion rhewlifol yn cynnwys tywod a chlai, wedi'u cymysgu â malurion a chlogfeini mawr, nid yw'r dyddodion yn ymwahanu a bydd y malurion fel arfer yn onglog. Mae dyddodion ffrwdrewlifol yn fwy crwn o ganlyniad i brosesau athreuliad a sgrafelliad, ac maen nhw'n ymwahanu oherwydd bod gallu a maint y nentydd dŵr tawdd yn newid.

5 Mae ecwilibriwm dynamig yn cyfeirio at gyflwr cytbwys y system arfordirol lle mae mewnbynnau ac allbynnau yn gyfartal. Os oes un elfen o'r system yn newid oherwydd dylanwad allanol, mae'n amharu ar yr ecwilibriwm ac yn effeithio ar yr elfennau eraill. Yr enw ar hyn yw adborth, sy'n gallu bod yn bositif neu'n negatif.

6 Mae peirianneg galed yn codi strwythurau i reoli prosesau arfordirol fel muriau môr, caergewyll (*gabions*), rip-rap ac argorau, sy'n ddrud ac yn hyll yn aml. Mae peirianneg feddal yn mynd ati i ailgyflenwi traethau neu reoli enciliau, strategaethau sy'n cydweithio â natur ac sy'n fwy cynaliadwy.

7 Prif leoliad byd-eang gwasgedd isel yw'r cyhydedd a phrif leoliadau gwasgedd uchel yw 30° i'r gogledd a 30° i'r de o'r cyhydedd. Mae'r lleoliadau hyn yn newid yn dymhorol wrth i safle'r haul newid uwchben.

8 Tymor sych iawn.

9 Mae glawiad darfudol yn digwydd wrth i'r ddaear gynhesu, ac mae'n golygu bod aer cynnes yn codi, yn oeri ac yn cyddwyso. Y ddau fath arall yw glawiad ffrynt a glawiad tirwedd (*orograffig*).

10 Gwlad MEDd, *NIC, OPEC, RIC, CPE/FCC*, Gwlad LlEDd, Gwlad LID.

11 Mae'r graddfeydd gwahanol yn adlewyrchu'r ffaith bod rhai gwledydd yn fwy 'datblygedig' mewn rhai agweddau ar ddatblygiad nag eraill. Mae IGC Saudi Arabia yn uwch o lawer na'i sgoriau Mynegrif Datblygiad Dynol a Mynegai Datblygiad sy'n gysylltiedig â Rhyw. Mae hyn yn awgrymu nad yw'r cyfoeth sy'n cael ei greu o refeniw olew (sy'n gyfrifol am raddfa IGC uchel y pen) yn cael ei wario cymaint ar iechyd ac addysg o gymharu â gwledydd eraill a bod y bwlch rhwng y rhywiau yn llydan iawn.

12 Mae *FDI* yn fuddsoddiad uniongyrchol sy'n digwydd ar draws ffiniau cenedlaethol pan fydd *TNC* neu gwmni byd-eang yn sefydlu cangen neu'n buddsoddi mewn busnes mewn gwlad arall.

13 *Organization of the Petroleum Exporting Countries*. Mae'r aelodau yn cynnwys Algeria, Angola, Ecuador, Iran, Iraq, Kuwait, Libya, Nigeria, Qatar, Saudi Arabia, Emiradau Arabaidd Unedig a Venezuela.

14 Mae 32 o wledydd wedi bod yn gymwys i dderbyn cymorth, gan gynnwys Bolivia, Ethiopia, Gambia, Ghana, Haiti, Malawî, Mali, Niger, Uganda a Zambia.

15 Cytundeb Masnach Rydd Gogledd America (*NAFTA: North American Free Trade Agreement*); Cymdeithas Cenhedloedd De-ddwyrain Asia (*ASEAN*). Triad yr UE/*NAFTA/ASEAN* sy'n rheoli economi'r byd.

16 Affrica Is-Sahara.

17 Mae'r gyfran o bobl newynog wedi disgyn o 32% tua dechrau'r 1990au i 28%. Erbyn 2007 roedd 73% o blant wedi'u himiwneiddio yn erbyn y frech goch, ond mae 1 o bob 7 yn parhau i farw cyn eu pen-blwydd yn 5 oed. Mae lefelau HIV wedi sefydlogi. Mae iechydaeth wedi gwella.

18 De Korea, Taiwan, Hong Kong a Singapore.

19 Mae dulliau cyfathrebu lloeren ac opteg ffibr wedi lleihau costau cyfathrebu ac wedi arwain at dwf y rhyngrwyd a ffonau symudol.

20 Mae amlwythiant (*containerisation*) wedi arwain at ddulliau cludiant rhad a mwy effeithlon. Mae cludiant awyr rhad ar awyrennau jet wedi gweddnewid cludiant nwyddau gwerth-uchel, cyfaint isel.

21 Diwygiadau economaidd o 1978 ymlaen, yn enwedig polisi 'drws agored' Deng Xiaoping a oedd yn annog *TNCs* i leoli cwmnïau gweithgynhyrchu yn China.

22 Mae costau llafur yn is. Mae gan India weithlu mawr sy'n siarad Saesneg. Mae rhai gwledydd datblygedig yn wynebu prinder sgiliau TGCh.

23 Mae glocaleiddio (*glocalisation*) yn cyfeirio at ddefnyddio deunyddiau lleol ac addasu brandiau byd-eang ar gyfer amgylchiadau lleol.

24 Project Dargyfeirio Dŵr o Dde i Ogledd China yw'r project mwyaf o'i fath erioed. Mae'r project yn cynnwys tynnu dŵr o afonydd y de a'i gyflenwi i'r gogledd sych. Mae'r project i fod i gael ei gwblhau yn 2050, a bydd yn dargyfeirio 44.8 biliwn metr ciwbig o ddŵr bob blwyddyn i ardaloedd poblog a mwy sych yn y gogledd, fel Beijing. Bydd y project yn cysylltu pedair prif afon China – Yangtze (Chang), Huang, Huaihe a Haihe.

25 Cafodd y *SEZs* eu lleoli yn bell o ganolbwynt y grym gwleidyddol yn Beijing, gan leihau'r dylanwadau gwleidyddol. Yn fwy penodol, cafodd y pedair cylchfa wreiddiol eu lleoli yn ardaloedd arfordirol Guangdong a Fujian, lle'r oedd hanes hir o gysylltu â'r byd y tu allan trwy allfudo, ac roedden nhw hefyd yn agos at Hong Kong, Macao a Taiwan. Roedd Shenzhen yn ddewis strategol oherwydd ei bod yn agos at Hong Kong, yr ardal allweddol ar gyfer dysgu am ddulliau twf economaidd cyfalafol.

26 Ers 1980, mae'r *PRC* wedi sefydlu cylchfaoedd economaidd arbennig yn Shenzhen, Zhuhai a Shantou yn nhalaith Guangdong, Xiamen yn nhalaith Fujian ac mae wedi dynodi talaith gyfan Hainan yn gylchfa economaidd arbennig.

27 Mae enghreifftiau'n cynnwys Chery Automobile, Dongfeng Motors (gweithgynhyrchwyr ceir), Pacific Century Cyberworks (telathrebu) a *CNOOC* (cwmni olew).

28 Mae plant oedolion ifanc yn cael eu magu gan eu neiniau a'u teidiau. Mae poblogaethau gwledig yn heneiddio ac mae hyn yn effeithio ar gynhyrchedd amaethyddol. Mae'r ffaith bod llawer o oedolion ifanc yn byw yn bell oddi wrth eu rhieni oedrannus wedi bod yn dipyn o her i batrymau traddodiadol o gymorth teuluol ar gyfer pobl hŷn mewn ardaloedd gwledig. Nid yw'r system yswiriant cymdeithasol wedi'i sefydlu yn y rhan fwyaf o'r ardaloedd gwledig, ac mae'r system gofal meddygol cydweithredol nawr yn cael ei threialu, sy'n golygu nad yw'n bosibl gwarantu diogelwch a gofal meddygol ffermwyr hŷn mewn ardaloedd gwledig, yn enwedig yr ardaloedd gorllewinol.

29 O 2009 ymlaen, roedd 40 o ecoddinasoedd yn cael eu datblygu, gan gynnwys Dongtan a Huangbaiyu.

30 Mae'r costau'n cynnwys y canlynol: mae swyddi crefftus yn cael eu llenwi gan lafur sydd wedi'i fewnforio o China; mae cymorth China ar gyfer gwledydd Affrica yn gymorth clwm; cwmnïau o China sy'n berchen ar y ffatrïoedd, ac mae hyn yn atal cwmnïau brodorol rhag datblygu ac yn rhwystro datblygiad y sylfaen gynhyrchu (y prif batrymau masnach yw allforio deunyddiau crai o wledydd Affrica o hyd). Mae'r manteision yn cynnwys: cymorth, cyfleoedd gwaith, cynnydd mewn cyfalaf, technoleg ac arbenigedd.

31 Yn ogystal â phryderon amgylcheddol (mae glo yn un o'r tanwyddau hydrocarbon mwyaf budr), nid yw glo yn gallu bodloni holl anghenion egni India. Mae angen olew ar y diwydiant cludiant, ac mae llawer o lo India yn anaddas ar gyfer y diwydiant dur a diwydiannau eraill.

32 Nid oes digon o ffyrdd, pontydd neu feysydd awyr oherwydd diffyg buddsoddiad a difaterwch gwleidyddol. Mae tagfeydd traffig a ffyrdd gwael yn arwain at golledion economaidd sy'n werth tua $6 biliwn UDA y flwyddyn.

33 Mae twf economaidd cyflym wedi deillio o dwf y sector gwasanaethau yn hytrach na thwf gweithgynhyrchu. Mae cysylltiadau busnes â Gogledd America ac Ewrop yn gryfach na chysylltiadau â Japan a gwledydd eraill yn Asia.

34 Mae enghreifftiau'n cynnwys Grŵp Aditya Birla, Hindustan Computers Cyf, Infosys Cyf, Grŵp Tata, Diwydiannau Videocon a Wipro Tech.

Mae'r rhifau tudalen mewn **print trwm** yn cyfeirio at **ddiffiniadau o dermau allweddol**